はじめに

　日商簿記３級の試験については、年３回実施される「統一試験（ペーパー試験）」と随時実施される「ネット試験（ＣＢＴ試験）」があります。受験方法は異なるものの、出題範囲・問題の難易度は同じで、合格すればどちらも「日商簿記３級合格」に変わりはありません。

　ネット試験も加わり受験しやすい環境が整ったため、みなさんの受験計画に沿った合格への橋渡しができるように「過去問題集」をアップデートし、本書のタイトルを次のように決めました。

いま合格！　日商簿記３級　過去問題集

　みなさんの「いま（この日までに）合格したい！」という思いに沿うため、合格に必要な実力を身につけることができるように、さまざまな工夫を凝らしました。

本編

　過去の試験から問題をセレクトし、最新の出題傾向にアップデートした「厳選過去問」と実力アップに最適な問題を抽出した「よく出る良問」を、「ヨコ解き！編」「タテ解き！編」に収載しています。

第１部　ヨコ解き！編

　よく出る論点を大問別に各８回分収載し、習熟度を高めることができるようにしました。
"正確に早く解く"ためのテクニックを身に付けてください。

第２部　タテ解き！編

　本試験形式の問題を３回分収載し、本試験のシミュレーションができるようにしました。
"時間内に解く"実践力が身に付きます。

購入者特典

　ネット試験で合格を目指す方のために、「ネット試験体験プログラム」を用意しました。
　３回分のネット試験を疑似体験することで、ネット試験のシミュレーションができるようにしました。
"パソコン操作で迷わない"実践力が身に付きます。

　えりすぐりの問題のみを収載していますので、ぜひ理解を深めて自分のものにしてください。
　みなさんの目標達成のために、本書が一助になれば幸いです。

柴本 玲菜

日商簿記3級のプロフィール

　日商簿記3級は、年3回実施される**統一試験（ペーパー試験）**と随時受験が可能な**ネット試験（CBT試験）**の2種類の方法で受験できます。

　紙に印刷された問題を読んで答案用紙に答えを記入するのか、画面に表示された問題を読んでマウスやキーボードを使って答えを入力するのかの違いはありますが、どちらの試験も同じ試験範囲・難易度で、いずれの形式でも合格すれば「日商簿記3級合格」となります。

1　試験概要

	統一試験（ペーパー試験）	ネット試験（CBT試験*）
試 験 日	年3回（6月、11月、2月）実施	随時実施（施行休止期間あり）
試験会場	各地の商工会議所が設けた試験会場	商工会議所が認定したネット試験会場
申 込 み	各地の商工会議所によって異なります。（試験の概ね2か月前から1か月前まで受付）	ネット試験会場によって申込方法が異なります。
試験時間	60分	
合 格 点	100点満点中70点以上で合格	
合格発表	各地の商工会議所によって異なります。（概ね2週間程度で発表）	試験終了後、**即時採点され結果発表。**
受 験 料	3,300円（税込）※別途手数料が発生する場合があります。	3,300円（税込）※受験するネット試験会場により事務手数料が異なります。

　＊：CBTとは、Computer Based Testing の略です。

詳しいスケジュールや最新の情報については、日本商工会議所の検定試験公式サイトをご覧ください。

【日本商工会議所 簿記検定公式ページ】
https://www.kentei.ne.jp/bookkeeping

2 ▸ 受験資格

年齢、性別、学歴、国籍など一切制限はありません。どなたでも受験できます。

3 ▸ 3級の試験内容

3級の試験では**商業簿記3問**を60分で解答します。

試験科目	程　　　度
商業簿記	業種・職種にかかわらずビジネスパーソンが身に付けておくべき「必須の基本知識」として、多くの企業から評価される資格。基本的な商業簿記を修得し、小規模企業における企業活動や会計実務を踏まえ、経理関連書類の適切な処理を行うために求められるレベル。

4 ▸ 受験者データ

統一試験（ペーパー試験）は実施回ごとに、ネット試験（ＣＢＴ試験）は期間を区切って、合格率などの受験者データを公表しています。詳しくは、日本商工会議所の検定試験公式サイトをご覧ください。

1 ネット試験について

　ネット試験では、パソコンの画面上に問題と解答欄が合わせて表示されます。また出題形式には主に、仕訳問題と計算・作表問題があります。

仕訳問題：第1問のイメージ （画面は2級の内容です）

日商簿記2級　試験問題

第1問

　下記の取引について仕訳しなさい。ただし、勘定科目は、プルダウンの中から最も適当と思われるものを選び、選択すること。

1. 全従業員に支給するため、事務用のパソコン一式（現金購入価格￥1,458,000）を割賦で購入した。代金は、来月末より月末ごとに支払期限が順次到来する額面￥125,000の約束手形12枚を振り出して相手先に交付した。
　なお、利息相当額については、資産の勘定（前払利息）を用いて処理することとする。

借方科目	金額	貸方科目	金額
∨		∨	
∨		∨	
∨		∨	
∨		∨	

2. X年4月1日、商品陳列棚を分割払いで購入し、代金として毎月末に支払期日が順次到来する額面￥120,000の約束手形10枚を振り出して交付した。なお、商品陳列棚の現金購入価額は￥1,152,000である。
　なお、利息相当額については、費用の勘定を用いて処理することとする。

借方科目	金額	貸方科目	金額
∨		∨	
∨		∨	
∨		∨	
∨		∨	

| 第1問 | 第2問 | 第3問 | 第4問 | 第5問 | 残り時間：55：55 | 試験終了 |

---

(1) 第1問の仕訳問題における勘定科目については、 ∨ の箇所をマウスでクリックすると勘定科目の選択肢が現れます（ドロップダウン形式）ので、その中の適切なものをクリックして選択します。

> 　解答テクニック： Tab を使おう！
> 　　：キーボードの Tab キーを押すと、マウスを使わなくても入力箇所の移動ができます。
> 　　　ただし、左から右に移動する場合もあれば、上から下に移動する場合もあるので注意です。
> 　豆知識：必ずしも上の1行目に入力しなくても、科目と金額をバラバラにしなければ採点され、
> 　　　合っていれば加点されます。

(2) 金額欄については、キーボードで金額を入力し、 Enter ボタンを押すと、3桁ごとに自動的にカンマが付きます。カンマを入力する必要はありません（文字や円マーク等を入力すると不正解となります）。

(3) 仕訳問題における各設問の解答にあたっては、各勘定科目の使用は、借方・貸方の中で**それぞれ1回ずつ**としてください（各設問につき、同じ勘定科目を借方・貸方それぞれの中で2回使用すると、不正解になります）。

例 ¥100の商品を得意先に販売し、代金のうち¥20は現金で受け取り、残額は掛けとした。

正解（○）

（現　　　　金）	20	（売　　　　上）	100
（売　掛　金）	80		

誤り（×）

1つの仕訳問題の中の貸方に同じ「売上」が2つ入っているため、不正解となります。

（現　　　　金）	20	（売　　　　上）	20
（売　掛　金）	80	（売　　　　上）	80

ただし、固定資産の買換えや手形の更改など、借方と貸方で同じ科目を用いる場合には、借方や貸方の中で2回使っているわけではないため、不正解とはなりません。

画面の下部分の各「第〇問」ボタンを左クリックすると、その問題に移動できます。

また、試験の残り時間が画面下に表示されます。残り時間がゼロとなると試験が終了となりますが、60分より前に解き終わった場合には、画面右下の「試験終了」ボタンをクリックして、試験を終了することもできます。

計算・作表問題：第3問等のイメージ　（画面は2級の内容です）

第3問では、主に □□□□□ に金額を入力するとともに、科目欄が空欄になっている場合には、自ら科目を入力する必要があります。

(5)

2 ネット試験の戦い方 ～スタートボタンを押す前に～

(1) 余裕をもって試験会場に向かう

　ネット試験の試験会場は「看板が一枚出ているだけ」といったところも多く、見つけるのに時間がかかる可能性があります。焦らなくて済むように余裕をもって出かけましょう。

　なお、会場に着いてしまえば、あとは職員さんの言う通りに動けば大丈夫です。

(2) ペンをチェックしよう

　試験会場に持ち込めるのは、電卓だけです。下書用紙（通常、A4サイズの紙2枚）とボールペンは、受付で渡され、それを使用します。このとき、ボールペンのインクが出なかったり、ペン先が曲がっていたりすることに気づかずにスタートボタンを押してしまうと、交換の時間をロスします。

　必ず、チェックするようにしてください。なお、下書用紙は試験後回収されるため、持ち帰ることはできません。

(3) レイアウトを自分用に整える

　日商簿記のネット試験では、キーボード、マウス、電卓、下書用紙を使うことになります。まず席に着いたら、スタートボタンを押す前に、これらを自分用のレイアウトにして整えてください。

　心の準備も整えてから、スタートボタンを押すようにしましょう。

(4) 解答テクニック ：仕訳の問題文は V を押してから読もう！

　仕訳問題の V ボタンをクリックすると、貸借ともに同じ勘定科目群が現れます。

　最初に V ボタンを押して、指定された勘定科目群を表示してから問題文を読むようにしましょう。解答時間の節約に有効です。

ダウンロード不要！
パソコンでもタブレットでも体験できる！

ネット試験 体験サイトのご案内

本書を購入された方へ、全3回分の日商簿記検定3級ネット試験が体験できる体験プログラムをご用意しました。
ブラウザ(インターネット閲覧ソフト／アプリ)上で動作するため、特殊なプログラムのインストールは不要で、OS(オペレーティングシステム)に関係なくパソコンやタブレット等、お好みの端末でご体験いただけます。
ネット試験の操作に不安要素がある方は、本書で学習後、ぜひ本サイトのプログラムも試験対策にご活用ください。

┃ ご利用方法 ┃

①下記URLもしくは右のQRコードより特設ページにアクセス
　※ネットスクールホームページ「読者の方へ」からもアクセスいただけます。

https://imakako.net-school.co.jp/3q/

②ご利用パスコードを入力すると画面が切り替わり、体験サイトをご利用いただけます。

購入者特典　　ご利用パスコード　　**2331vk**

┃ 注意事項 ┃

●ご利用に必要な端末及び通信環境の準備や利用、インターネット通信に必要な料金はお客様のご負担となります。
●動作環境や設定等によっては正常に動作しない場合がございます。また、実際のネット試験と挙動が異なる部分が存在する可能性もございます。そうした場合の責任は、弊社では負いかねます。
●利用にあたっては、できる限り画面サイズの大きな端末をお使いになることをお勧めいたします。
●本サービスで提供する問題はネットスクールが独自に作成した問題です。
●本サービスは**2026年3月末まで**の提供を予定しておりますが、予告なく変更・終了する場合がございます。あらかじめご了承ください。

┃ 画面イメージ ┃

　問題の選択ボタンや制限時間など、実際のネット試験(CBT方式)そっくりな仕様になっています。体験プログラムをお試しいただくことで試験本番での操作ミスなどを減らし、時間ロスをなくす訓練にもなります。

　本番と同じように、筆記用具・電卓・メモ用紙をご用意のうえ、画面上で解く練習をすることをお勧めします。

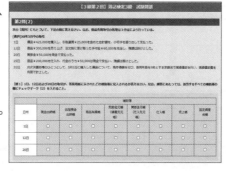

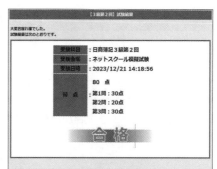

※画像はイメージです。

本書の特徴

1 過去問に挑戦する受験生のみなさんへ

　はじめて過去問に挑戦したときに、想像以上に点が取れなかったことにショックを受け、インプット学習に戻り、やがて再挑戦しても結果はあまり変わらず…という経験はありませんか？

　本書は、過去問をどのように活用すれば、得点力が飛躍的にアップするかという問いに対するネットスクールの答えとして執筆されました。よって、すでに過去問に挑戦したことがある方にとっても、新しい過去問題集となっています。

2 得点力アップの秘訣は重要テーマのヨコ解き！

第1部　ヨコ解き！編

　『ヨコ解き』とは、問題回数に関係なく、第1問なら第1問を通して解くことです。本書はさらに、本試験での重要度の高いものを中心にヨコ解きの問題を、第1問から第3問まで各8回分掲載しています。

	第1回	第2回	第3回
第1問			
第2問			
第3問			

ヨコ解きは問題回数に関係なく、問別に解くこと

メリット
- 同様の問題を繰り返し解くため、問別の解き方が身につき、得点力が養成される
- 解答時間が短くなる（早く解けるようになる）

デメリット
- 制限時間の60分を意識したシミュレーションは難しい

第2部　タテ解き！編

　第1部のヨコ解き編で力を付けたら、次に本試験の60分の時間を意識して解くことで実力を試しましょう！本書では、過去問を回数別に掲載するのではなく、難問を外して各論点をまんべんなく学習できるように<u>厳選した良問を</u><u>タテ解きの問題として3回分掲載</u>しています。

	第1回	第2回	第3回
第1問			
第2問			
第3問			

タテ解きは第1問から第3問まで通して解くこと

メリット
- 試験のシミュレーションができる
- 試験での時間配分がわかる
- 問題を解く順序などを考えながら解くため、実戦力が養われる

デメリット
- 制限時間が60分のため、時間の確保が難しい
- 机の前に60分拘束される（途中でやめられない）

3 ▶ 問題を解くときの強い味方　Hint Rule

Hintは問題を解くうえでの糸口となる内容です。

またRuleは習ったときには覚えていても直前には忘れている内容や、隠れた前提となっている用語などについて解説するものです。

難易度

　A：基本問題（基本論点が入った問題）
　B：応用問題（応用論点が入った問題）

制限時間

　最終的に制限時間内で解けるようにしましょう。

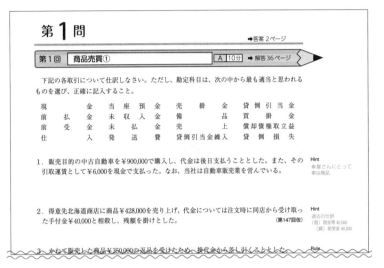

4 ▶ 解答には、採点基準と「ここに注意！」を記載

各回の解答には採点基準を付けています。解いた後に採点を行い、復習に役立ててください。

また、解説には「ここに注意」を入れて、解答上の注意事項について触れています。

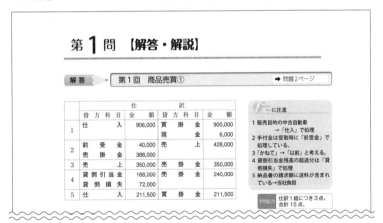

5 ▶ 繰り返し解くときに、答案用紙をダウンロードできる

　問題を繰り返し解く際には、答案用紙のPDFデータをネットスクールのホームページからダウンロードすることができます。

　ネットスクールホームページのトップページ→画面上の「読者の方へ」をクリック

　→日商簿記3級をクリック→「いま合格！日商簿記3級 過去問題集」の「答案用紙」をクリック

　ネットスクールホームページ　https://www.net-school.co.jp/

いま合格！　日商簿記3級　過去問題集　目　次

● 第1部 ● ヨコ解き！編

第1問

		問題	解答	メ　モ
第1回	商品売買①	2	36	
第2回	商品売買②	3	38	
第3回	固定資産	4	40	
第4回	現金預金、債権債務	5	42	
第5回	費用の処理	6	44	
第6回	一時的な処理	7	46	
第7回	税金・社会保険料の処理	8	48	
第8回	決算整理、株式会社会計	9	50	

第2問(1)

		問題	解答	メ　モ
第1回	勘定記入①	10	52	
第2回	勘定記入②	11	53	
第3回	勘定記入③	12	54	
第4回	勘定記入④	13	55	
第5回	勘定記入⑤	14	56	
第6回	勘定記入⑥	15	57	
第7回	商品有高帳	16	59	
第8回	仕訳日計表	17	60	

第2問(2)

		問題	解答	メ　モ
第1回	補助簿の選択①	18	62	
第2回	補助簿の選択②	19	64	
第3回	補助簿の選択③	20	65	
第4回	語群選択①	21	66	
第5回	語群選択②	22	67	
第6回	伝票会計①	23	68	
第7回	伝票会計②	24	69	
第8回	補助簿から仕訳	25	70	

第3問

		問題	解答	メ　モ
第1回	B／S、P／L作成①	26	72	
第2回	B／S、P／L作成②	27	75	
第3回	B／S、P／L作成③	28	78	
第4回	後T／B作成①	29	81	
第5回	後T／B作成②	30	84	
第6回	精算表①	31	87	
第7回	精算表②	32	90	
第8回	精算表③	33	93	

第2部 **タテ解き！編**

		問題	解答	メ　モ
第1回	本試験形式	96	116	
第2回	本試験形式	102	124	
第3回	本試験形式	108	133	

別　冊

第1部	答案用紙	……………………	2
第2部	答案用紙	……………………	22

出題傾向と得点計画

　日商簿記3級の試験は60分で商業簿記3問を解答し、70点(満点100点)以上で合格です。

　この合格ライン70点をクリアするためには、各問題の出題傾向を知る**とともに出題される3問それぞれのボリューム、配点、難易度をふまえた**効率的な得点計画をたてる**必要があります。**やみくもに満点を狙ったり、第1問から順番に解いていくのは得点計画の視点からは良い解き方とはいえません。

　ネットスクールでは、これらを検討して下記の **Step** の順で問題を解いていく得点計画をおすすめします。

Step 1

第1問	出題の特徴	目標／配点	目標時間
仕訳	全出題範囲から期中の取引を中心に仕訳問題が**15題出題**され、**配点は1題3点**です。 まずはこの**第1問で15題中12題の正解（36点）**をがっちりもぎ取りましょう。	36点／45点	20分

Step 2

第3問	出題の特徴	目標／配点	目標時間
精算表、財務諸表の作成	**損益計算書、貸借対照表といった、財務諸表の作成問題を中心に**精算表、決算整理後残高試算表といった決算問題が出題されています。	30点／35点	20分

Step 3

第2問	出題の特徴	目標／配点	目標時間
帳簿関連、語群選択など	勘定記入、補助簿、伝票、語群選択など幅広く、小問(1)、(2)として出題されます。 易しい問題なら確実に、**難しい問題なら部分点狙い**でいきましょう。	10点／20点	20分

　　※配点は目安になります。

第1部 ヨコ解き! 編

問題

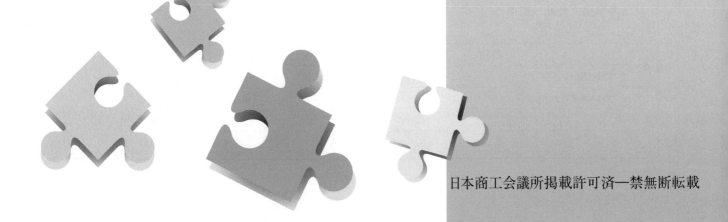

第**1**問

➡答案 2ページ

| 第1回 | 商品売買① | A | 10分 | ➡ 解答36ページ |

　下記の各取引について仕訳しなさい。ただし、勘定科目は、次の中から最も適当と思われるものを選び、正確に記入すること。

現　　　　　金	当 座 預 金	売　掛　金	貸 倒 引 当 金
前　払　金	未 収 入 金	備　　　品	買　掛　金
前　受　金	未　払　金	売　　　上	償却債権取立益
仕　　　入	発　送　費	貸倒引当金繰入	貸　倒　損　失

1．販売目的の中古自動車を¥900,000で購入し、代金は後日支払うこととした。また、その引取運賃として¥6,000を現金で支払った。なお、当社は自動車販売業を営んでいる。

Hint
車屋さんにとって
車は商品

2．得意先北海道商店に商品¥428,000を売り上げ、代金については注文時に同店から受け取った手付金¥40,000と相殺し、残額を掛けとした。　　　　　　　　　　　　　（第147回改）

Hint
過去の仕訳
（借）現金等 40,000
　　（貸）前受金 40,000

3．かねて販売した商品¥350,000の返品を受けたため、掛代金から差し引くこととした。
　　　　　　　　　　　　　　　　　　　　　　　　　　　　　　　　　　　（第151回）

Rule
売上戻りは売上の
逆の行為
仕訳も逆になる

4．前期の売上げにより生じた売掛金¥240,000が貸し倒れた。なお、貸倒引当金の残高は¥168,000である。

Hint
前期の売掛金の貸
倒れでも引当金の
残高を超えれば当
期の費用

5．商品を仕入れ、品物とともに次の納品書を受取り、代金は後日支払うこととした。

納品書			
岡山商事株式会社　御中			
			山口電器株式会社
品物	数量	単価	金額
ワイヤレスイヤホン	20	6,000	¥120,000
ワイヤレスヘッドホン	10	9,000	¥ 90,000
送料	—	—	¥　1,500
		合計	¥211,500

➡答案3ページ

➡ 解答38ページ

第2回	**商品売買②**	B	10分

下記の各取引について仕訳しなさい。ただし、勘定科目は、次の中から最も適当と思われるものを選び、正確に記入すること。

現 金	当 座 預 金	普 通 預 金	電 子 記 録 債 権
売 掛 金	クレジット売掛金	貸 倒 引 当 金	貯 蔵 品
前 払 金	未 収 入 金	受 取 商 品 券	仮 払 金
買 掛 金	前 受 金	未 払 金	売 上
貸倒引当金戻入	償却債権取立益	仕 入	発 送 費
貸倒引当金繰入	貸 倒 損 失	支 払 手 数 料	

ヨコ解き
問 題

第1問

第2問
(1)

第2問
(2)

第3問

1. 商品¥184,500（送料込み）を販売し、代金は掛けとした。また、同時に配送業者へこの商品を引き渡し、送料¥4,500（費用処理する）は月末に支払うこととした。

Rule
商品販売時の送料は、費用として処理する

2. 仕入先長野商店に注文していた商品¥80,000が到着した。商品代金のうち30％は手付金としてあらかじめ支払済みであるため相殺し、残額は掛けとした。なお、商品の引取運賃 ¥2,000は着払い（当社負担）となっているため運送業者に現金で支払った。

Hint
過去の仕訳
（借）前払金 24,000
　　　（貸）現金等 24,000

3. 商品¥120,000を販売し、代金のうち¥45,000は信販会社が発行している商品券で受け取り、残額は現金で受け取った。

4. 昨年度に取引先が倒産し、その際に売掛金¥700,000の貸倒れ処理を行っていたが、本日、得意先の清算に伴い¥35,000の分配を受け、同額が普通預金口座へ振り込まれた。

Hint
償却（費用化）した債権を取立てて益が出た

5. 店頭における一日分の売上の仕訳を行うにあたり、売上集計表は次のとおりであった。また、合計額のうち¥8,000はクレジットカード、残りは現金による決済であった。なお、信販会社への手数料として、クレジット決済額の３％の手数料を計上する。

Rule
通常の売掛金とは区別するため、クレジット売掛金を用いる

売上集計表			
			×8年5月8日
品物	数量	単価	金額
絵筆	14	100	¥ 1,400
ポスターカラー	28	350	¥ 9,800
スケッチブック	7	600	¥ 4,200
	合計		¥15,400

➡答案 4 ページ

第 3 回　固定資産　　B 10分　➡解答40ページ

　下記の各取引について仕訳しなさい。ただし、勘定科目は、次の中から最も適当と思われるものを選び、正確に記入すること。

現　　　　　金	当 座 預 金	普 通 預 金	未 収 入 金
建　　　　　物	建物減価償却累計額	備　　　　品	備品減価償却累計額
未　払　　金	売　　　　　上	固 定 資 産 売 却 益	仕　　　　入
減 価 償 却 費	修　繕　　費	支 払 手 数 料	固 定 資 産 売 却 損

1．店舗用の建物¥320,000を購入し、不動産業者への仲介手数料¥8,000とともに小切手を振り出して支払った。

2．備品（取得原価¥900,000、減価償却累計額¥600,000、耐用年数6年）を4年間使用してきたが、5年目の期首に¥325,000で売却し、代金は翌月末に受け取ることにした。

3．建物の改築と修繕を行い、代金¥20,000,000を普通預金口座から支払った。うち建物の資産価値を高める支出額（資本的支出）は¥16,000,000であり、建物の現状を維持するための支出額（収益的支出）は¥4,000,000である。
　　　　　　　　　　　　　　　　　　　　　　　　　　　　　　　　　　　　　（第150回）

4．×3年4月10日に購入した備品（取得原価¥540,000、減価償却累計額¥324,000、耐用年数5年、残存価額をゼロとする定額法で計算、間接法で記帳）が不用になったので、本日（×6年6月30日）¥138,000で売却し、代金は翌月末に受け取ることにした。なお、決算日は3月31日とし、減価償却費は月割りで計算する。

5．事務作業に使用する物品をインターネット注文で購入し、品物とともに次の請求書を受け取り、代金は後日支払うことにした。

請求書

株式会社高知商事　様

大阪商事株式会社

品物	数量	単価	金額
デスクトップパソコン	15	300,000	¥4,500,000
セッティング作業	15	5,000	¥　75,000
		合計	¥4,575,000

×9年2月8日までに合計額を下記口座へお振込み下さい。
　大阪銀行吹田支店　普通　1159827　オオサカシヨウジ（カ

Rule
資本的支出は、B/Sの資本に対応する（貸借逆になる）支出という意味で資産になり、収益的支出はP/Lの収益に対応する支出で費用になる

Hint
当期首から売却時までの減価償却費を月割りで計上する

➡答案 5 ページ

第4回	現金預金、債権債務	A 10分 ➡ 解答42ページ

下記の各取引について仕訳しなさい。ただし、勘定科目は、次の中から最も適当と思われるものを選び、正確に記入すること。

現 金	当 座 預 金	普 通 預 金	電 子 記 録 債 権
受 取 手 形	売 掛 金	手 形 貸 付 金	電 子 記 録 債 務
支 払 手 形	買 掛 金	借 入 金	受 取 手 数 料
受 取 利 息	支 払 手 数 料	支 払 利 息	

1．銀行で当座預金口座を開設し、¥2,000,000を普通預金口座からの振り替えにより当座預金口座に入金した。また、小切手帳の交付を受け、手数料として¥800を現金で支払った。

2．和歌山商店に資金 ¥600,000を貸し付けるため、同店振出しの約束手形を受け取り、同日中に当社の当座預金より和歌山商店の銀行預金口座に同額を振り込んだ。なお、利息は返済時に受け取ることとした。

3．取引銀行から借り入れていた¥730,000の支払期日が到来したため、元利合計を当座預金口座から返済した。なお、借入れにともなう利率は年2％、借入期間は100日間であり、利息は1年を365日として日割計算する。

(第148回)

4．広島商事株式会社は、福井商会株式会社に対する買掛金¥340,000の支払いを電子債権記録機関で行うため、取引銀行を通して債務の発生記録を行った。

5．得意先から先月締めの掛代金 ¥150,000の回収として、振込手数料 ¥500（当社負担）を差し引かれた残額が当社の当座預金口座に振り込まれた。

ヨコ解き
問 題

第1問

第2問
(1)

第2問
(2)

第3問

➡答案6ページ

| 第5回 | 費用の処理 | A | 10分 | ➡解答44ページ |

下記の各取引について仕訳しなさい。ただし、勘定科目は、次の中から最も適当と思われるものを選び、正確に記入すること。

現　　　　金　　当座預金　　普通預金　　従業員立替金
仮　払　金　　差入保証金　　建　　　物　　備　　　品
仮　受　金　　旅費交通費　　通　信　費　　消耗品費
支払家賃　　租税公課　　修　繕　費

1．一昨年度に購入した備品（プリンター）が故障したため、その修理費用として ¥40,000を現金で支払った。

2．新店舗を賃借し、1か月分の家賃¥300,000、敷金¥600,000を普通預金口座から振り込んだ。

Hint
敷金は資産の勘定で処理する

3．店舗用の建物に対する固定資産税 ¥100,000を現金で納付した。

4．事務用のオフィス機器¥550,000とコピー用紙¥5,000を購入し、代金の合計を普通預金口座から振り込んだ。

（第152回）

Rule
1年以内に使い切るものが消耗品費、1年を超えて使い続けるものが備品

5．出張旅費を立て替えて支払っていた従業員が出張から帰社し、次の領収書を提示したので、普通預金口座から従業員の指定する普通預金口座へ振り込んで精算した。

No.1884
×0年7月7日

領　収　書

株式会社香川物産　様

¥　25,400

但し　旅客運賃として
上記金額を正に領収いたしました。

○○旅客鉄道株式会社（公印省略）
××駅発行　取扱者（捺印省略）

➡答案 7ページ

| 第6回 | 一時的な処理 | B | 10分 | ➡ 解答46ページ |

下記の各取引について仕訳しなさい。ただし、勘定科目は、次の中から最も適当と思われるものを選び、正確に記入すること。

現　　　　　金	受　取　手　形	売　　掛　　金	貯　　蔵　　品
従 業 員 立 替 金	前　　払　　金	未　収　入　金	仮　　払　　金
買　　掛　　金	前　　受　　金	未　　払　　金	仮　　受　　金
受 取 手 数 料	雑　　　　　益	支 払 手 数 料	旅 費 交 通 費
通　　信　　費	雑　　　　　損	現 金 過 不 足	

ヨコ解き
問　題

第1問

第2問
(1)

第2問
(2)

第3問

1．決算日において、現金過不足（不足額）¥21,300の原因をあらためて調査した結果、通信費¥27,000の支払い、および手数料の受取額¥9,000の記入もれが判明した。残りの金額は原因が不明であったので、適切な処理を行う。

Hint
過去の仕訳
(借) 現金過不足 21,300
　　(貸)現　　金 21,300

2．営業活動で利用する電車およびバスの料金支払用ＩＣカードに現金¥18,000を入金し、領収証の発行を受けた。なお、入金時に全額費用に計上する方法を用いている。

Hint
IC カードは単なる形態に過ぎないので気にしない
電車、バス料金の支払いと考える

3．従業員が出張から戻り、さきの当座預金口座への¥345,000の入金は、得意先静岡商店からの売掛金¥300,000の回収および得意先浜松商店から受け取った手付金 ¥45,000であることが判明した。なお、入金時には内容不明の入金として処理してある。

Hint
過去の仕訳
(借) 当座預金 345,000
　　(貸) 仮 受 金 345,000

4．月末に金庫を実査したところ、紙幣 ¥50,000、硬貨¥2,900、得意先振出しの小切手 ¥5,000、約束手形 ¥10,000、郵便切手 ¥500が保管されていたが、現金出納帳の残高は ¥58,000であった。不一致の原因を調べたが原因は判明しなかったので、現金過不足勘定で処理することにした。

Rule
それぞれが正しく処理されているとして解答する

5．従業員が出張から帰社し、旅費の精算を行ったところ、あらかじめ概算額で仮払いしていた¥50,000では足りず、不足額¥25,000を従業員が立替払いしていた。なお、この不足額は次の給料支払時に従業員へ支払うため、未払金として計上した。　　　　（第152回）

Hint
給料支払時の処理
(借) 給　料　××
　　　未払金 25,000
　　(貸) 現金等 ×××

| 第7回 | 税金・社会保険料の処理 | A | 10分 | ➡ 解答48ページ |

　下記の各取引について仕訳しなさい。ただし、勘定科目は、次の中から最も適当と思われるものを選び、正確に記入すること。

現　　　　　金	当 座 預 金	普 通 預 金	売　　掛　　金
受 取 商 品 券	仮 払 消 費 税	仮 払 法 人 税 等	買　　掛　　金
未 払 消 費 税	未 払 法 人 税 等	仮 受 消 費 税	所 得 税 預 り 金
社 会 保 険 料 預 り 金	売　　　　　上	仕　　　　　入	給　　　　　料
租 税 公 課	法 定 福 利 費		

1．商品（本体価格¥120,000）を仕入れ、代金は10％の消費税を含めて掛けとした。なお、消費税については、税抜方式で記帳する。

Hint
本体価格とは、税抜き価格のこと

2．従業員への給料の支払いにあたり、給料総額 ¥280,000のうち、本人負担の社会保険料 ¥16,000と、所得税の源泉徴収分 ¥11,200を差し引き、残額を当座預金口座より振り込んだ。

Hint
社会保険料と所得税の預り金を区別して処理する

3．商品¥275,000（消費税¥25,000を含む）を売り上げ、合計額のうち¥55,000（税込価格）は現金で受け取り、残額は共通商品券を受け取った。なお、消費税は税抜方式で記帳する。

Rule
税抜方式では、消費税を除いた金額で売上を計上する

4．従業員にかかる健康保険料¥96,000を普通預金口座から納付した。このうち従業員負担分 ¥48,000は、社会保険料預り金からの支出であり、残額は会社負担分である。

Hint
社会保険料のうち、会社負担分は費用として処理する

5．以下のとおり納付書にもとづき、当社の普通預金口座から振り込んだ。

Hint
科目と中間申告と確定申告のどちらに〇がついているかに着目する

領 収 証 書				
科目 　　　　　法人税	本　　税	¥180,000	納期等	X20401
	〇〇〇税		の区分	X30331
	△ △ 税		中間申告	確定申告
住所 青森県青森市〇〇	□□税			
	× × 税			出納印 ×2.11.28 ＮＳ銀行
氏名 青森商事株式会社	合 計 額	¥180,000		

8

→答案 9 ページ

→ 解答 50 ページ

第 8 回	決算整理、株式会社会計	A	10分

下記の各取引について仕訳しなさい。ただし、勘定科目は、次の中から最も適当と思われるものを選び、正確に記入すること。

現 金	当 座 預 金	普 通 預 金	貯 蔵 品
借 入 金	未 払 配 当 金	資 本 金	利 益 準 備 金
繰 越 利 益 剰 余 金	受 取 手 数 料	通 信 費	旅 費 交 通 費
保 険 料	租 税 公 課	支 払 手 数 料	損 益

ヨコ解き
問 題

第 1 問

第 2 問
(1)

第 2 問
(2)

第 3 問

1. 決算にあたり、商品以外の物品の現状を調査したところ、収入印紙￥6,000と郵便切手￥2,400が未使用であることが判明したため、適切な勘定へ振り替える。

Hint
決算時に未使用の収入印紙、切手、がある場合、資産の勘定へ振り替える

2. 決算にあたり、取引銀行の当座預金残高が￥213,000の貸方残高となっているため、適切な勘定に振り替える。なお、取引銀行とは借越限度額を￥1,000,000とする当座借越契約を結んでいる。

3. 決算日に受取手数料勘定の貸方残高￥14,000を損益勘定に振り替えた。

Hint
収益の勘定は損益勘定の貸方へ振り替える

4. 千葉商事株式会社を設立し、株式120株を1株あたり￥50,000で発行し、株主からの払込金は普通預金とした。

5. 定時株主総会を開催し、繰越利益剰余金￥5,000,000の一部を次のとおり処分することが承認された。
    株 主 配 当 金：￥3,000,000
    利益準備金の積立て：￥ 300,000

Hint
配当金は株主総会の承認時に支払うわけではない

第**2**問－(1)

➡答案 10 ページ

| 第1回 | 勘定記入①（第151回第2問） | A | 10分 | ➡ 解答52ページ |

日商商店の10月中の買掛金に関する取引の勘定記録は以下のとおりである。下記勘定の空欄のうち、（A）～（E）には次に示した［語群］の中から適切な語句を選択し記入するとともに、（①）～（⑤）には適切な金額を記入しなさい。なお、仕入先は下記2店のみとし、各勘定は毎月末に締め切っている。

［語群］

前月繰越　次月繰越　現　金　普通預金
仕　入　買掛金

Hint
買掛金元帳（北海道商店＋沖縄商店）は買掛金勘定の明細書
Rule
このタイプの推定問題は「1日1取引」が前提。日付を手掛かりにカッコを埋めていく

総 勘 定 元 帳
買　掛　金

10/ 9 仕　　　入（　　　）	10/ 1 前 月 繰 越 330,000
15 （ A ） 331,000	8 （ D ）（ ③ ）
（　） 仕　　　入（ ① ）	（　）（　　　） 821,000
25 （ B ）（ ② ）	
31 （ C ） 293,000	
（　　　）	（　　　）

買　掛　金　元　帳
北 海 道 商 店

10/22 （　　　）（　　　）	10/ 1 （　　　） 210,000
25 普通預金払い 925,000	21 仕　入　れ（　　　）
31 （　　　）（ ④ ）	
1,031,000	1,031,000

沖 縄 商 店

10/ 9 返　品（ ⑤ ）	10/ 1 （ E ）（　　　）
15 現 金 払 い（　　　）	8 仕　入　れ 418,000
31 （　　　） 198,000	
538,000	538,000

➡答案 10ページ

| 第2回 | 勘定記入②（第147回第4問改題） | A | 10分 | ➡ 解答53ページ |

➡答案 10ページ

当社（当期は×8年4月1日から×9年3月31日まで）における手数料の支払いが生じた取引および決算整理事項にもとづいて、答案用紙の支払手数料勘定と前払手数料勘定に必要な記入をして締め切りなさい。なお、勘定記入にあたっては、日付、摘要および金額を（　　）内に取引日順に記入すること。ただし、摘要欄に記入する語句は［語群］から最も適当と思われるものを選び、正確に記入すること。

7月11日　未払金￥70,000を普通預金口座から支払った。そのさいに、振込手数料￥300が同口座から差し引かれた。

10月26日　倉庫の建設に供するための土地￥1,200,000を購入し、代金は小切手を振り出して支払った。なお、仲介手数料￥15,000は不動産会社に現金で支払った。

3月1日　向こう3か月分の調査手数料￥60,000（1か月当たり￥20,000）を現金で支払い、その全額を支払手数料勘定で処理した。

3月31日　3月1日に支払った手数料のうち前払分を月割で繰り延べた。

［語群］

| 現　　　金 | 普 通 預 金 | 当 座 預 金 | 前 払 手 数 料 | 土　　　地 |
| 未　払　金 | 支 払 手 数 料 | 諸　　　口 | 次 期 繰 越 | 損　　　益 |

Change!
小規模の株式会社が前提となったことにより、会計期間を4月1日〜翌年3月31日に切り替えた

ヨコ解き
問　題

第1問

第2問
(1)

第2問
(2)

第3問

Rule
収益・費用の勘定科目は「損益勘定」に集約され、資産・負債・資本の勘定科目は「次期繰越」となります

➡答案 10ページ

| 第3回 | 勘定記入③（第149回第2問改題） | B | 10分 | ➡解答54ページ |

　当社では毎年11月1日に向こう1年分の保険料¥24,000を支払っていたが、今年の支払額は10％アップして¥26,400となった。そこで、この保険料に関連する下記の勘定の空欄のうち、（イ）～（ハ）には次に示した［語群］の中から適切な語句を選択し記入するとともに、（a）～（b）には適切な金額を記入しなさい。なお、会計期間は4月1日から翌年3月31日までであり、前払保険料は月割計算している。

［語群］

| 前期繰越 | 次期繰越 | 損　　益 | 現　　金 |
| 未払金 | 保険料 | 前払保険料 | |

保　険　料

4/1（ イ ）（　　）	3/31（　　）（　　）
11/1 現　金 26,400	〃 （ ロ ）（　　）
（　　）	（　　）
4/1（　　）（ b ）	

（　　）保険料

4/1（　　）（ a ）	4/1（　　）（　　）
3/31（　　）（　　）	3/31（ ハ ）（　　）
29,400	29,400
4/1（　　）（　　）	4/1（　　）（　　）

➡答案 10 ページ

第4回 **勘定記入④（第153回第2問）** ｜B｜ 10分 ➡ 解答55ページ

　関甲信株式会社（決算年1回、3月31日）における次の取引にもとづいて、受取家賃勘定と前受家賃勘定の空欄①〜⑤にあてはまる適切な語句または金額を答案用紙に記入しなさい。

×7年4月1日　前期決算日に物件Aに対する今年度4月から7月までの前受家賃を計上していたので、再振替仕訳を行った。1か月分の家賃は￥100,000である。

×7年8月1日　物件Aに対する向こう半年分の家賃（8月から1月まで）が当座預金口座に振り込まれた。1か月分の家賃に変更はない。

×7年9月1日　物件Bに対する向こう1年分の家賃が当座預金口座に振り込まれた。この取引は新規で、1か月分の家賃は￥130,000である。

×8年2月1日　物件Aに対する向こう半年分の家賃（2月から7月まで）が当座預金口座に振り込まれた。今回から1か月分の家賃は￥110,000に値上げしている。

×8年3月31日　決算日を迎え、前受家賃を計上した。

ヨコ解き
問　題

第1問

第2問
（1）

第2問
（2）

第3問

Rule
「前期繰越」が貸方にある⇒負債⇒前受家賃

Rule
収益、費用は最終的に損益へ行く

➡答案 10ページ

第5回	勘定記入⑤	A	10分	➡ 解答56ページ

Hint
領収証書の「科目」
と「納期等の区分」
に着目しましょう

長良川商会株式会社（決算年1回、3月31日）の下記の取引にもとづいて、仮払法人税等勘定、法人税、住民税及び事業税勘定、未払法人税等勘定の空欄①から⑤にあてはまる適切な語句または金額を答案用紙に記入しなさい。

1．11月28日、以下の納付書にもとづき、普通預金口座から法人税を振り込んだ。

```
                    領 収 証 書
  科目
          法人税      本    税    ¥210,000    納期等  X10401
                    ○○○税                  の区分  X20331
                    △ △ 税                   中間    確定
  住   岐阜県群上市○○    □□税                    申告    申告
  所                    ×× 税                   出納印
  氏   長良川商会株式会社   合 計 額   ¥210,000      ×1.11.28
  名                                          岐阜銀行
```

2．3月31日、決算にあたり、当期の法人税¥295,000、住民税¥75,000、事業税¥80,000が確定した。

3．5月31日、以下の納付書にもとづき、普通預金口座から法人税を振り込んだ。

```
                    領 収 証 書
  科目
          法人税      本    税    ¥240,000    納期等  X10401
                    ○○○税                  の区分  X20331
                    △ △ 税                   中間    確定
  住   岐阜県群上市○○    □□税                    申告    申告
  所                    ×× 税                   出納印
  氏   長良川商会株式会社   合 計 額   ¥240,000      ×2.5.31
  名                                          岐阜銀行
```

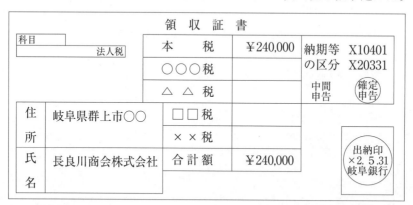

仮払法人税等				法人税、住民税及び事業税	
11/28〔　　〕(①)	3/31〔　　〕(　　)		3/31諸　口(②)	3/31〔 ③ 〕(　　)

未払法人税等			
3/31〔 ④ 〕(　　)	3/31〔　　〕(⑤)		
5/31〔　　〕(　　)	4/1〔　　〕(　　)		

14

➡答案 11ページ

第6回	勘定記入⑥（第144回第2問改題）	B	10分	➡ 解答57ページ

次の［資料］にもとづいて、（ア）から（エ）に入る適切な金額および（A）に入る適切な語句を答案用紙に記入しなさい。定額法にもとづき減価償却が行われており、減価償却費は月割計算によって計上する。なお、当社の決算日は毎年3月31日である。

Change!
小規模の株式会社が前提となったことにより、会計期間を4月1日〜翌年3月31日に切り替えた

Hint
当期の会計期間は？
備品減価償却累計額勘定があるということは？

ヨコ解き
問 題

第1問

第2問
（1）

第2問
（2）

第3問

［資料］

	取得日	取得原価	耐用年数	残存価額
備品A	×5年4月1日	￥100,000	5年	取得原価の10%
備品B	×7年12月1日	￥360,000	4年	ゼロ
備品C	×8年5月10日	￥180,000	3年	ゼロ

備　　　　　　品

×8/ 4/ 1 前 期 繰 越（　ア　）	×9/3/31 次 期 繰 越（　　　　）
5/10 当 座 預 金（　イ　）	
（　　　　）	（　　　　）

備品減価償却累計額

×9/ 3/31 次 期 繰 越（　　　　）	×8/ 4/ 1 前 期 繰 越（　ウ　）
	×9/ 3/31 （　　A　）（　エ　）
（　　　　）	（　　　　）

➡答案 11ページ

| 第7回 | **商品有高帳(第153回第4問)** | A | 10分 | ➡ 解答59ページ |

次の1月におけるA商品に関する [資料] にもとづいて、下記の問に答えなさい。なお、払出単価の決定方法として、移動平均法を用いるものとする。

[資料]

1月1日 前月繰越	60個	@¥1,000
10日 仕　　入	240個	@¥　990
13日 売　　上	250個	@¥1,800
20日 仕　　入	350個	@¥　960
27日 売　　上	310個	@¥1,750
29日 売上返品	27日に売り上げた商品のうち品違いのため10個返品(受入欄に記入すること)

問1 答案用紙の商品有高帳(A商品)を作成しなさい。なお、商品有高帳は締め切らなくて良い。

問2 1月のA商品の純売上高、売上原価および売上総利益を答えなさい。

➡答案 11ページ

| 第8回 | 仕訳日計表（第148回第4問） | A 10分 | ➡解答60ページ |

熊本商事は、日々の取引を入金伝票、出金伝票および振替伝票に記入し、これを1日分ずつ集計して仕訳日計表を作成している。

下記に示された熊本商事の12月1日の伝票にもとづき、(1)仕訳日計表を作成しなさい。また、(2)出金伝票 No.202および振替伝票No.302が1つの取引を記録したものだとした場合、この取引で仕入れた商品の金額を求めなさい。

Hint
No.202 と No.302 の伝票を合計すると次の仕訳になる
（借）仕 入 63,000
（貸）現 金 8,000
買掛金 55,000

ヨコ解き
問 題

第1問

第2問
(1)

第2問
(2)

第3問

| 入 金 伝 票　　No.101 |
| 売　上　　　10,000 |

| 入 金 伝 票　　No.102 |
| 受取手数料　　12,000 |

| 出 金 伝 票　　No.201 |
| 仕　入　　　5,000 |

| 出 金 伝 票　　No.202 |
| 仕　入　　　8,000 |

| 振 替 伝 票　　No.301 |
| 売掛金（愛知商店）90,000 |
| 売　上　　　90,000 |

| 振 替 伝 票　　No.302 |
| 仕　入　　　55,000 |
| 買掛金（岐阜商店）55,000 |

第2問 − (2)

➡答案 12ページ

第1回	補助簿の選択①（第150回第2問）	A	10分	➡ 解答62ページ

以下の ［資料1］ と ［資料2］ にもとづいて、**問**に答えなさい。

［資料1］ ×3年6月1日現在の売掛金に関する状況
1. 総勘定元帳における売掛金勘定の残高は¥387,000である。
2. 売掛金元帳（得意先元帳）における東京商店に対する売掛金の残高は¥230,000、箱根商店に対する売掛金の残高は¥（各自計算）である。なお、当社の得意先は東京商店と箱根商店だけである。

Hint
箱根商店の売掛金残高は売掛金勘定の残高（¥387,000）と東京商店の残高（¥230,000）との差額で求よる

［資料2］ ×3年6月中の取引
- 7日　岐阜商店から商品¥240,000を仕入れ、代金は掛けとした。なお、当社負担の引取運賃¥2,500は現金で支払った。
- 12日　東京商店に商品¥78,000を売り渡し、代金は掛けとした。
- 15日　箱根商店に対する売掛金¥50,000が当座預金口座に振り込まれた。
- 19日　箱根商店に商品¥63,000を売り渡し、代金は掛けとした。
- 22日　19日に箱根商店に売り渡した商品のうち¥5,000が返品され、掛代金から差し引くこととした。
- 29日　東京商店に対する売掛金¥49,000が当座預金口座に振り込まれた。

問1　6月7日、12日および15日の取引が、答案用紙に示されたどの補助簿に記入されるか答えなさい。なお、解答にあたっては、該当するすべての補助簿の欄に○印を付しなさい。

問2　6月中の純売上高を答えなさい。

問3　6月末における箱根商店に対する売掛金の残高を答えなさい。

➡答案 12ページ

| 第2回 | 補助簿の選択②（第152回第2問改題） | A | 10分 | ➡ 解答64ページ |

次の［資料］にもとづいて、問に答えなさい。

［資料］×1年5月中の取引

2日　先月に大阪商会株式会社から掛けで仕入れた商品¥20,000を品違いのため返品し、同社に対する掛代金から差し引いた。

16日　土地180㎡を1㎡当たり¥30,000で取得し、代金は小切手を振り出して支払った。なお、整地費用¥198,000は現金で支払った。

18日　九州商事株式会社に商品¥450,000を売り上げ、代金のうち¥40,000は注文時に同社から受け取った手付金と相殺し、残額は掛けとした。なお、当社負担の発送費¥3,000は現金で支払った。

25日　京都商会株式会社に対する売掛金（前期販売分）¥370,000が貸し倒れた。なお、貸倒引当金の残高は¥160,000である。

問1　×1年5月中の取引が、答案用紙に示されたどの補助簿に記入されるか答えなさい。なお、解答にあたっては、各取引が記入されるすべての補助簿の欄に○印をつけること。

問2　×1年10月30日に、×1年5月16日に取得した土地すべてを1㎡当たり¥36,000で売却した。この売却取引から生じた固定資産売却損益の金額を答えなさい。なお、答案用紙の（　　）内の損か益かのいずれかに○印をつけること。

Hint
整地費用も土地の付随費用です

Change!
出題範囲から外れるため「同社負担の発送費」を「当社負担の発送費」に変更した

Digression（余談）
ここで一句
引当金、オーバーしたなら、当期費用〜

Rule
売却価額と帳簿価額の差が損益

ヨコ解き
問　題
第1問
第2問（1）
第2問（2）
第3問

➡答案 12ページ

| 第3回 | 補助簿の選択③（第146回第2問改題） | A | 10分 | ➡ 解答65ページ |

日野商事の×9年3月の取引（一部）は次のとおりである。それぞれの日付の取引が答案用紙に示されたどの補助簿に記入されるか答えなさい。解答にあたっては、該当するすべての補助簿の欄に〇印を付し、該当する補助簿が1つもない取引は「該当なし」の欄に〇印を付すこと。

5日　八王子商店に対し商品を¥800,000で売り渡し、代金のうち半額は同店振出しの小切手で受け取り、残額は掛けとした。なお、日野商事では受け取った小切手をただちにすべて当座預金口座へ預けており、現金出納帳には通貨の記録のみを行っている。

6日　先月に多摩商店より建物を¥5,000,000で購入する契約をしていたが、本日その引き渡しを受けた。この引き渡しにともない、購入代金のうち¥500,000は契約時に仮払金勘定で処理していた手付金を充当し、残額は小切手を振り出して支払った。

16日　かねて荒川商店から仕入れていた商品¥150,000について品質不良が見つかったため、同店へ返品し、掛け代金から差し引くこととした。

31日　①　先月末に発生した現金過不足¥20,000（借方残高）について、当座預金口座への預け入れが未記帳となっていたことが原因と判明した。

31日　②　八王子商店に対する売掛金残高について、¥8,000の貸倒引当金を設定した。

Change!
小規模の株式会社が前提となったことにより、会計期間を4月1日〜翌年3月31日に切り替えた

Change!
出題範囲に加わった「固定資産台帳」を、補助簿の1つとして本問に加えた

Hint
まず取引の仕訳を行ってから解答する

Rule
「ただちに〇〇へ」は仕訳上、直接〇〇を増減させる

Hint
「仕入」「売上」が出れば商品有高帳に記入される

→答案 13ページ

第4回　語群選択①（第154回第4問）　　A　5分　→解答66ページ

次の文章の（ア）から（カ）にあてはまる最も適切な語句を ［語群］ から選択し、**番号**で答えなさい。

1．前期以前に貸倒れとして処理した売掛金について、当期にその一部を回収したときは、その回収金額を収益勘定である（ア）勘定で処理する。

2．株式会社が繰越利益剰余金を財源として配当を行ったときは、会社法で定められた上限額に達するまでは一定額を（イ）として積み立てなければならない。

3．主要簿は、仕訳帳と（ウ）のことである。

4．すでに取得済みの有形固定資産の修理、改良などのために支出した金額のうち、その有形固定資産の使用可能期間を延長または価値を増加させる部分を（エ）支出という。

5．当期中に生じた収益合計から費用合計を差し引いて当期純利益（または当期純損失）を求める計算方法を（オ）という。

6．仕訳の内容を勘定口座に記入する手続きを（カ）という。

［語群］
① 資 本 金　② 総勘定元帳　③ 分 記 法　④ 転 記　⑤ 合計残高試算表
⑥ 収 益 的　⑦ 損 益 法　⑧ 貸倒引当金戻入　⑨ 差入保証金　⑩ 資 本 的
⑪ 利益準備金　⑫ 決 算　⑬ 精 算 表　⑭ 財 産 法　⑮ 償却債権取立益
⑯ 擬 制 的　⑰ 締 切 り　⑱ 受取手数料

Preparation（準備）
［語群］を共通点のあるもので印を付けてから始めましょう
例・勘定科目名
⇒アンダーライン
　・○○法⇒☆
　・○○表⇒◎
　・○○的⇒△

ヨコ解き
問　題

第1問

第2問
(1)

第2問
(2)

第3問

Hint
利益の算定
収益－費用＝利益
⇐損益法
期末資本－期首資本＝利益⇐財産法

➡答案 13ページ

| 第5回 | 語群選択②（第145回第4問改題） | A | 5分 | ➡ 解答67ページ |

次の文の（ ① ）から（ ④ ）に当てはまる適切な語句を下記の［語群］から選び、ア～クの記号で答えなさい。

1．すでに事業で使用している自動車にかかる自動車税を納付した場合の仕訳の借方は（ ① ）勘定を用いる。それに対し、従業員の給料から源泉徴収していた所得税を納付した場合は（ ② ）勘定を用いる。

2．建物の機能の回復や維持のために修繕を行った場合の仕訳の借方は（ ③ ）勘定を用いるが、修繕により機能が向上して価値が増加した場合は（ ④ ）勘定を用いる。

［語群］

ア 建 物　　イ 租 税 公 課　　ウ 減価償却累計額　　エ 所得税預り金
オ 従業員立替金　　カ 損 益　　キ 車 両 運 搬 具　　ク 修 繕 費

Change!
出題範囲から外れたため、引出金の処理から所得税預り金の処理に変更した

Hint
価値が増加
⇒固定資産
元の状態に戻す
⇒修繕費

➡答案 13ページ

| 第6回 | 伝票会計①（第146回第4問改題） | A | 10分 | ➡ 解答68ページ |

次の山梨商店における各取引の伝票記入について、空欄（ア）～（オ）にあてはまる適切な勘定科目または金額を答えなさい。なお、使用しない伝票の解答欄には「記入なし」と答えること。また、商品売買取引の処理は3分法によること。

Change!
本試験では「静岡商店」における取引であったため、(1)の問題が成立しないので、商店名を「山梨商店」に変更した

(1) 静岡商店へ商品￥400,000を売り上げ、代金のうち￥100,000は同店振出しの約束手形で受け取り、残額は同店振出しの小切手で受け取った。

入 金 伝 票

科　　目	金　　額
	（　ア　）

振 替 伝 票

借方科目	金　　額	貸方科目	金　　額
（　イ　）	100,000	（　ウ　）	100,000

Hint
この取引の仕訳
(借) 受取手形 100,000
　　現　　金 300,000
　　(貸) 売　　上 400,000

(2) 今週のはじめに、旅費交通費支払用のICカードに現金￥10,000を入金し、仮払金として処理していた。当店はこのICカードを使用したときに費用に振り替える処理を採用しているが、本日￥4,000分使用した。

出 金 伝 票

科　　目	金　　額
（　エ　）	

振 替 伝 票

借方科目	金　　額	貸方科目	金　　額
		（　オ　）	

Hint
過去の仕訳
(借) 仮払金 10,000
　　(貸) 現　金 10,000

ヨコ解き
問 題

第1問

第2問
(1)

第2問
(2)

第3問

➡答案 13ページ

| 第7回 | 伝票会計② | A | 10分 | ➡ 解答69ページ |

次の各取引の伝票記入について、空欄①〜⑤にあてはまる適切な勘定科目または金額を答えなさい。なお、使用しない伝票の解答欄には「記入なし」と答えること。また、商品売買取引の処理は3分法によること。

Hint
まず、問題文の仕訳をし、それを伝票に書き入れる

(1) 商品を¥800,000で売り上げ、代金のうち半額は現金で受け取り、残額は掛けとした。

入 金 伝 票	
科　　目	金　　額
（　①　）	（　・　）

振 替 伝 票			
借方科目	金　　額	貸方科目	金　　額
（　　）	（　　）	（　②　）	800,000

(2) 備品を¥300,000で購入し、引取費¥5,000とあわせて小切手を振り出して支払った。

出 金 伝 票	
科　　目	金　　額
（　　）	（　③　）

振 替 伝 票			
借方科目	金　　額	貸方科目	金　　額
（　　）	（　④　）	（　⑤　）	（　　）

➡答案 13ページ

第8回　補助簿から仕訳（第154回第2問）　　A　10分　➡ 解答70ページ

次の現金出納帳、売上帳および買掛金元帳の記入にもとづいて、下記の**問**に答えなさい。

現 金 出 納 帳

×8年		摘　　　要	収　　入	支　　出	残　　高
2	1	前月繰越	280,000		280,000
	5	多摩商店からの仕入の引取運賃支払い		3,000	277,000
	14	臨時店舗売上げ	（　　　　）		（　　　　）
	15	普通預金口座へ入金		350,000	（　　　　）
	25	返品運賃支払い（多摩商店負担、掛代金から差し引く）		2,000	（　　　　）

売 上 帳

×8年		摘　　　要			金　　額
2	14	臨時店舗売上げ		現金	
		チョコレート	40個	@¥10,000	400,000
	20	インターネット売上げ		掛	
		ビスケット	30個	@¥ 6,000	180,000

買 掛 金 元 帳
多 摩 商 店

×8年		摘　　　要	借　　方	貸　　方	残　　高
2	1	前月繰越		290,000	290,000
	5	仕入れ		200,000	490,000
	25	返品商品の代金、運賃	52,000		438,000
	27	普通預金口座から振込み	290,000		148,000

問　答案用紙の各日付の仕訳を示しなさい。ただし、勘定科目は、次の中から最も適当と思われるものを選び、正確に記入すること。なお、当月末（28日）に現金の帳簿残高と実際有高（¥326,000）の差額を現金過不足として処理している。

現　　　金　　現金過不足　　売　掛　金　　立　替　金
買　掛　金　　仕　　　入　　売　　　上　　支　払　運　賃

Preparation（準備）

解答に要求されている仕訳の日付のすべてに○印を付け、「問」を読んで（28日にも○）から始めましょう

Rule

このタイプの問題は、1日につき1取引しかないのが前提です
⇒1日1取引の法則（笑）

Hint

25日
返品のため、買掛金¥50,000が減少＋返品運賃¥2,000を掛代金から差引く
⇒（借）買掛金 52,000
　　（貸）仕入 50,000
　　　　　現金 2,000

ヨコ解き問　題

第1問

第2問（1）

第2問（2）

第3問

Hint

28日
現金出納帳の残高を算定し、実際有高（¥326,000）との差額が現金過不足となる

第3問

➡答案 14ページ

| 第1回 | B/S、P/L作成①（第152回第5問改題） | A | 20分 | ➡解答72ページ |

　次の(1)決算整理前残高試算表と(2)決算整理事項等にもとづいて、答案用紙の貸借対照表と損益計算書を完成しなさい。消費税の仮受け・仮払いは、売上取引・仕入取引のみで行うものとし、(2)決算整理事項等の7．以外は消費税を考慮しない。なお、会計期間は×1年4月1日から×2年3月31日までの1年間である。

Hint
決算整理前残高試算表を横線で資産、負債、資本、収益、費用に区切ってから始めましょう

(1) 決算整理前残高試算表

借　方	勘定科目	貸　方
183,000	現　　　　　金	
577,000	当 座 預 金	
491,000	売 　掛 　金	
200,000	繰 越 商 品	
300,000	仮 払 消 費 税	
1,200,000	備　　　　　品	
2,700,000	土 　　　　地	
	買 　掛 　金	543,000
	借 　入 　金	400,000
	仮 受 消 費 税	550,000
	貸 倒 引 当 金	300
	備品減価償却累計額	375,000
	資 　本 　金	2,000,000
	繰越利益剰余金	1,521,700
	売 　　　　上	5,500,000
3,000,000	仕 　　　　入	
1,800,000	給 　　　　料	
300,000	支 払 家 賃	
41,000	水 道 光 熱 費	
62,000	通 　信 　費	
24,000	保 　険 　料	
12,000	支 払 利 息	
10,890,000		10,890,000

(2) 決算整理事項等

1. 現金の実際有高は¥179,000であった。帳簿残高との差額のうち¥2,100は通信費の記入漏れであることが判明したが、残額は不明のため、雑損または雑益として記載する。

   Hint
   帳簿残高（¥183,000）との差額、¥4,000が現金過不足にあたります

2. 売掛代金の当座預金口座への入金¥62,000の取引が、誤って借方・貸方ともに¥26,000と記帳されていたので、その修正を行った。

   Hint
   差額分（¥62,000 － ¥26,000 ＝ ¥36,000）を追加計上すればよい

3. 当月の水道光熱費¥3,500が当座預金口座から引き落とされていたが、未処理であった。

4. 売掛金の期末残高に対して2％の貸倒引当金を差額補充法により設定する。

5. 期末商品棚卸高は¥174,000である。

6. 備品について、残存価額をゼロ、耐用年数を8年とする定額法により減価償却を行う。

   Hint
   仮払消費税と仮受消費税を相殺し、未払消費税を計上します

7. 消費税の処理（税抜方式）を行う。

8. 借入金は×1年6月1日に借入期間1年、利率年6％で借り入れたもので、利息は11月末日と返済日に6か月分をそれぞれ支払うことになっている。利息の計算は月割による。

   Hint
   利息が4か月（12月〜3月）分未払いになっている

9. 支払家賃のうち¥150,000は×1年11月1日に向こう6か月分を支払ったものである。そこで、前払分を月割により計上する。

   Rule
   まず、支払家賃の月額を計算する

➡ 答案15ページ

第2回　B/S、P/L作成②（第154回第5問）

A　20分　➡ 解答75ページ

次の(1)決算整理前残高試算表および(2)決算整理事項等にもとづいて、答案用紙の貸借対照表および損益計算書を完成しなさい。なお、会計期間は4月1日から翌3月31日までの1年間である。

(1)　決算整理前残高試算表

借　方	勘定科目	貸　方
310,000	現　　　　　金	
550,000	普　通　預　金	
770,000	売　　掛　　金	
650,000	仮　払　消　費　税	
440,000	繰　越　商　品	
2,200,000	建　　　　　物	
600,000	備　　　　　品	
2,000,000	土　　　　　地	
	買　　掛　　金	630,000
	借　　入　　金	1,500,000
	仮　　受　　金	69,400
	仮　受　消　費　税	1,001,000
	所　得　税　預り金	18,000
	貸　倒　引　当　金	3,000
	建物減価償却累計額	200,000
	備品減価償却累計額	299,999
	資　　本　　金	3,000,000
	繰越利益剰余金	248,601
	売　　　　　上	10,010,000
6,500,000	仕　　　　　入	
2,200,000	給　　　　　料	
200,000	法　定　福　利　費	
60,000	支　払　手　数　料	
150,000	租　税　公　課	
100,000	支　払　利　息	
250,000	その他費用	
16,980,000		16,980,000

(2)　決算整理事項等

1．仮受金は、得意先からの売掛金¥70,000の振込みであることが判明した。なお、振込額と売掛金の差額は当社負担の振込手数料（問題の便宜上、この振込手数料には消費税が課されないものとする）であり、入金時に振込額を仮受金として処理したのみである。

2．売掛金の期末残高に対して貸倒引当金を差額補充法により1%設定する。

3．期末商品棚卸高は¥400,000である。

4．有形固定資産について、次の要領で定額法により減価償却を行う。

　　建物：耐用年数22年　残存価額ゼロ
　　備品：耐用年数4年　残存価額ゼロ

　　なお、決算整理前残高試算表の備品¥600,000のうち¥200,000は昨年度にすでに耐用年数をむかえて減価償却を終了している。そこで、今年度は備品に関して残りの¥400,000についてのみ減価償却を行う。

5．消費税の処理（税抜方式）を行う。

6．社会保険料の当社負担分¥10,000を未払い計上する。

7．借入金は当期の12月1日に期間1年、利率年4%で借り入れたものであり、借入時にすべての利息が差し引かれた金額を受け取っている。そこで、利息について月割により適切に処理する。

8．未払法人税等¥200,000を計上する。なお、当期に中間納付はしていない。

ヨコ解き
問　題

第1問

第2問
(1)

第2問
(2)

第3問

Hint
仮受金を売掛金¥70,000の減少と手数料¥600の増加に振替える

Hint
売掛金の変動に注意

Digression（余談）
簿外資産ではないことを示すために備忘記録として残存価額1円だけを残して償却を終えます

Hint
社会保険料の未払いは、貸借対照表に（　）費用とあることからここに記載します

Hint
借入時の仕訳
(借)現金等　1,440,000
　　支払利息　60,000
(貸)借入金　1,500,000
⇒利息の前払計上が必要になる

| 第3回 | B/S、P/L作成③（第151回第5問改題） | A | 20分 | ➡ 解答78ページ |

次の［資料１］および［資料２］にもとづいて、答案用紙の貸借対照表と損益計算書を完成しなさい。なお、消費税の仮受け・仮払いは、売上取引・仕入取引についてのみ行うものとする。会計期間は×1年４月１日から×2年３月31日までの１年間である。

Change!
会計期間を４月１日～翌年３月31日に切り替えた

Change!
決算整理前残高試算表に繰越利益剰余金を加えた

Change!
貸借対照表の「当期純利益」を「繰越利益剰余金」に差し替えた

Rule
売掛金の変動は貸倒引当金に影響する

Hint
減価償却累計額分の固定資産売却損が過大に計上されている

Change!
消費税（税抜方式）の処理を加えた

Hint
期中に固定資産を取得した場合は、使用した月の分の減価償却費を計上する

Change!
法人税等の処理を加えた

［資料１］

決算整理前残高試算表

借　方	勘定科目	貸　方
194,500	現　　　　　金	
3,000	現 金 過 不 足	
1,034,000	普 通 預 金	
568,000	売 　 掛 　 金	
203,500	仮 払 消 費 税	
100,000	仮 払 法 人 税 等	
198,000	繰 越 商 品	
3,000,000	建 　 　 　 物	
600,000	備 　 　 　 品	
1,800,000	土 　 　 　 地	
	買 　 掛 　 金	813,000
	仮 　 受 　 金	68,000
	仮 受 消 費 税	389,000
	貸 倒 引 当 金	4,000
	建物減価償却累計額	1,200,000
	車両運搬具減価償却累計額	700,000
	資 　 本 　 金	3,500,000
	繰越利益剰余金	926,000
	売 　 　 　 上	3,890,000
	受 取 手 数 料	36,000
2,035,000	仕 　 　 　 入	
760,000	給 　 　 　 料	
162,000	水 道 光 熱 費	
48,000	保 　 険 　 料	
30,000	通 　 信 　 費	
790,000	固定資産売却損	
11,526,000		11,526,000

［資料２］　決算整理事項等

１．過日発生した現金過不足について調査をしたところ、¥2,000については通信費の記帳漏れであることが判明したが、残額については不明のため雑損または雑益で処理する。

２．仮受金は、全額が売掛金の回収であることが判明した。

３．期首に車両運搬具（取得原価¥800,000、減価償却累計額¥700,000）を¥10,000で売却し、代金は現金で受け取った際に、以下の仕訳を行っただけなので、適切に修正する。

（借方）現　　　　　金　　10,000
　　　　固定資産売却損　790,000
　　　　　　　　（貸方）車両運搬具　800,000

４．売掛金の期末残高に対して２％の貸倒引当金を差額補充法により設定する。

５．消費税の処理（税抜方式）を行う。

６．期末商品棚卸高は¥235,000である。

７．建物および備品について、以下の要領でそれぞれ定額法により減価償却を行う。

　　建物：残存価額ゼロ　耐用年数30年
　　備品：残存価額ゼロ　耐用年数５年
　　なお、備品は全額当期の11月１日に購入したものであり、減価償却費は月割計算する。

８．保険料の前払額が¥12,000ある。

９．受取手数料は全額当期の３月１日に向こう１年分の手数料を受け取ったものであるため、前受額を月割で計上する。

10．法人税、住民税及び事業税が¥198,000と算定されたので、仮払法人税等との差額を未払計上する。

➡ 答案17ページ

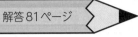

| 第4回 | 後Ｔ／Ｂ作成①（第149回第5問改題） | B | 20分 | ➡ 解答81ページ |

次の(1)決算整理前残高試算表および(2)決算整理事項等にもとづいて、下記の問に答えなさい。なお、消費税の仮受け・仮払いは売上取引・仕入取引のみで行うものとする。会計期間は×1年4月1日から×2年3月31日までの1年間である。

(1) 決算整理前残高試算表

借 方	勘 定 科 目	貸 方
102,700	現　　　金	
1,000	現 金 過 不 足	
520,000	普 通 預 金	
380,000	売 掛 金	
120,000	仮 払 金	
220,000	仮 払 消 費 税	
180,000	繰 越 商 品	
2,000,000	備　　　品	
1,000,000	土　　　地	
	買 掛 金	210,000
	前 受 金	20,000
	借 入 金	200,000
	仮 受 消 費 税	400,000
	貸 倒 引 当 金	200
	備品減価償却累計額	500,000
	資 本 金	2,000,000
	繰 越 利 益 剰 余 金	800,000
	売　　　上	4,000,000
	受 取 手 数 料	815,000
2,200,000	仕　　　入	
1,900,000	給　　　料	
230,000	通 信 費	
90,000	支 払 家 賃	
1,500	保 険 料	
8,945,200		8,945,200

(2) 決算整理事項等

1. 現金過不足¥1,000のうち¥800は通信費の記入漏れであった。残額は不明のため適切に処理した。

2. 売掛金の代金¥20,000を現金で受け取っていたが、これを手付金として処理していたので、適切に修正する。

3. 仮払金¥120,000は、その全額が12月1日に購入した備品に対する支払いであることが判明した。

4. 売掛金の期末残高に対して2％の貸倒引当金を差額補充法により設定する。

5. 期末商品棚卸高は¥203,000である。

6. 備品について、残存価額をゼロ、耐用年数を8年とする定額法により減価償却を行う。当期新たに取得した備品についても同様の条件で減価償却費を月割により計算する。

7. 受取手数料のうち¥360,000（月額¥30,000）は、5月1日に、向こう1年間の手数料を受け取ったものである。

8. 借入金は×1年9月1日に借入期間1年、年利率3％で借り入れたもので、利息は元金とともに返済時に支払うことになっている。利息の計算は月割による。

9. 消費税の処理（税抜方式）を行う。

10. 未払法人税等¥36,000を計上する。なお、当期に中間納付はしていない。

問1　答案用紙の決算整理後残高試算表を完成しなさい。

問2　当期純利益または当期純損失の金額を答えなさい。なお、（　　）内に利益あるいは損失と記入すること。

ヨコ解き
問 題
第1問
第2問
(1)
第2問
(2)
第3問

Change!
決算整理後残高試算表（後 T/B）作成問題に改題した

Change!
会計期間を4月1日〜翌年3月31日に切り替えた

Change!
決算整理前残高試算表に繰越利益剰余金を加えた

Hint
貸倒引当金の設定額に影響する

Hint
まず1か月あたりの減価償却費を計算し、使用した月数分を償却する

Hint
「向こう」は「その時点以降」という意味

Hint
利息は未計上です

Change!
消費税（税抜方式）の処理を加えた

Change!
法人税等の処理を加えた

➡ 答案18ページ

| 第5回 | 後T/B作成②（第146回第5問改題） | B | 20分 | ➡ 解答84ページ |

次の(1)決算整理前残高試算表および(2)決算整理事項等にもとづいて、下記の問に答えなさい。なお、消費税の仮受け・仮払いは売上取引・仕入取引のみで行うものとする。会計期間は×1年4月1日から×2年3月31日までの1年間である。

(1)　　　決算整理前残高試算表

借　方	勘定科目	貸　方
128,000	現　　　　　金	
763,000	当　座　預　金	
470,000	電子記録債権	
386,000	売　　掛　　金	
308,000	仮払消費税	
45,000	仮払法人税等	
262,000	繰　越　商　品	
300,000	貸　　付　　金	
480,000	備　　　　　品	
	電子記録債務	430,000
	買　　掛　　金	335,000
	仮　　受　　金	56,000
	仮受消費税	416,000
	貸倒引当金	8,000
	備品減価償却累計額	180,000
	資　　本　　金	900,000
	繰越利益剰余金	534,400
	売　　　　　上	4,160,000
	受取手数料	13,600
3,080,000	仕　　　　　入	
304,000	給　　　　　料	
450,000	支　払　家　賃	
43,000	通　　信　　費	
14,000	水道光熱費	
7,033,000		7,033,000

(2)　決算整理事項等

1. 現金の手許有高は¥126,000である。なお、過不足の原因は不明であるため、適切な処理を行う。

2. 仮受金は、全額得意先に対する売掛金の回収額であることが判明した。

3. 電子記録債権および売掛金の期末残高に対して、3％の貸倒れを見積もる。貸倒引当金の設定は差額補充法による。

4. 期末商品棚卸高は¥285,000である。

5. 期中に購入した切手の未使用高は¥5,000である。

6. 備品について、残存価額をゼロ、耐用年数を6年とする定額法により減価償却を行う。
   なお、備品のうち×2年1月10日に取得した¥120,000については、同様の条件で減価償却費を月割により計算する。

7. 家賃の前払額が¥90,000ある。

8. 貸付金は×1年12月1日に貸付期間1年、年利率2.4％で貸し付けたもので、利息は元金とともに返済時に受け取ることになっている。なお、利息の計算は月割による。

9. 消費税の処理を税抜方式で行う。

10. 法人税、住民税及び事業税が¥96,000と算定されたので、仮払法人税等との差額を未払計上する。

問1　答案用紙の決算整理後残高試算表を完成しなさい。

問2　当期純利益または当期純損失の金額を答えなさい。なお、当期純損失の場合は金額の頭に△を付すこと。

➡ 答案19ページ

第6回 **精算表①（第147回第5問改題）**　A 20分　➡ 解答87ページ

　次の［決算整理事項等］にもとづいて、答案用紙の精算表を完成しなさい。なお、消費税の仮受け・仮払いは、売上取引・仕入取引についてのみ行うものとする。会計期間は4月1日から翌年3月31日までの1年間である。

［決算整理事項等］

1．普通預金口座から買掛金¥38,000を支払ったが、この取引の記帳がまだ行われていない。

2．仮払金は、従業員の出張にともなう旅費交通費の概算額を支払ったものである。従業員はすでに出張から戻り、実際の旅費交通費¥17,000を差し引いた残額は普通預金口座に預け入れたが、この取引の記帳がまだ行われていない。

3．売掛金の代金¥20,000を現金で受け取ったさいに以下の仕訳を行っていたことが判明したので、適切に修正する。

　　（借方）　現　金　20,000　　（貸方）　前受金　20,000

4．売掛金の期末残高に対して2％の貸倒引当金を差額補充法により設定する。

5．期末商品棚卸高は¥189,000である。売上原価は「仕入」の行で計算する。

6．建物および備品について定額法で減価償却を行う。

　　建物：残存価額ゼロ　耐用年数30年

　　備品：残存価額ゼロ　耐用年数4年

7．保険料のうち¥60,000は12月1日に向こう1年分を支払ったものであり、未経過分を月割で計上する。

8．2月1日に、2月から4月までの3か月分の家賃¥45,000を受け取り、その全額を受取家賃として処理した。したがって、前受分を月割で計上する。

9．消費税の処理（税抜方式）を行う。

10．法人税等が¥225,000と算定されたので、仮払法人税等との差額を未払計上する。

Change!
会計期間を4月1日〜翌年3月31日に切り替えた

Change!
繰越利益剰余金の行を加えた

ヨコ解き問題

第1問

第2問（1）

第2問（2）

第3問

Hint
貸倒引当金の設定額に影響する

Hint
売上原価の計算は、仕入の行で「期首＋当期−期末」となるようにする

Change!
「見越し」「繰延べ」を、「未収・未払い」「前受け・前払い」に言い換えた

Change!
消費税（税抜方式）の処理を加えた

Change!
法人税等の処理を加えた

➡ 答案20ページ

次の未処理事項・決算整理事項にもとづいて、答案用紙の精算表を完成しなさい。なお、消費税の仮受け・仮払いは、売上取引・仕入取引についてのみ行うものとする。会計期間は4月1日から翌年3月31日の1年間である。

未処理事項・決算整理事項

1. 現金過不足は現金の盗難により生じたものである。また、当社では盗難保険をかけており、仮受金は盗難に対する保険金として受け取ったものである。そこで、現金過不足と仮受金を相殺し、差額を雑益または雑損として処理する。
2. 売掛金のうち¥40,000は、すでに当社の普通預金口座へ振り込まれていたことが判明した。
3. 当座預金勘定の貸方残高全額を当座借越勘定に振り替える。なお、当社は取引銀行との間で¥200,000を借越限度額とする当座借越契約を締結している。
4. 期末の売掛金残高に対して2％の貸倒れを見積り、差額補充法により貸倒引当金を設定する。
5. 期末商品の棚卸高は¥340,000であった。売上原価は「仕入」の行で計算すること。
6. 備品について定額法（残存価額ゼロ、耐用年数8年）により減価償却を行う。
7. 貸付金は、当期の12月1日に期間12か月、利率年3％（利息は返済時に全額受け取り）の条件で貸し付けたものである。なお、利息の計算は月割によること。
8. 給料の未払分が¥21,000ある。
9. 消費税の処理（税抜方式）を行う。
10. 法人税等が¥207,000と算定されたので、仮払法人税等との差額を未払計上する。

Change!
会計期間を4月1日～翌年3月31日に切り替えた

Change!
有価証券（現出題範囲外）の処理を外し、当座預金勘定の貸方残高の処理を加えた

Change!
最近の出題に合わせて設問を並び替えた

Change!
繰越利益剰余金の行を加えた

Change!
科目名の「支払保険料」を「保険料」に変更した

Hint
まず1か月あたりの利息額を計算する

Change!
消費税（税抜方式）の処理を加えた

Change!
法人税等の処理を加えた

➡ 答案21ページ

| 第8回 | 精算表③（第153回第5問） | B | 20分 | ➡ 解答93ページ |

次の［決算整理事項等］にもとづいて、問に答えなさい。当期は×7年4月1日から×8年3月31日までの1年間である。

[決算整理事項等]

① 売掛金¥150,000が普通預金口座に振り込まれていたが、この記帳がまだ行われていない。

② 仮払金は全額、2月26日に支払った備品購入に係るものである。この備品は3月1日に納品され、同日から使用しているが、この記帳がまだ行われていない。

③ 現金過不足の原因を調査したところ、旅費交通費¥2,800の記帳漏れが判明したが、残額は原因不明のため雑損または雑益で処理する。

④ 当座預金勘定の貸方残高全額を当座借越勘定に振り替える。なお、当社は取引銀行との間に¥1,000,000を借越限度額とする当座借越契約を締結している。

⑤ 売掛金の期末残高に対して2％の貸倒引当金を差額補充法で設定する。

⑥ 期末商品棚卸高は¥568,000である。売上原価は「仕入」の行で計算する。

⑦ 建物および備品について、以下の要領で定額法による減価償却を行う。3月1日から使用している備品（上記②参照）についても同様に減価償却を行うが、減価償却費は月割計算する。

　　建物：残存価額ゼロ　耐用年数30年

　　備品：残存価額ゼロ　耐用年数5年

⑧ 借入金のうち¥1,200,000は、期間1年間、利率年3％、利息は元本返済時に1年分を支払う条件で、当期の12月1日に借り入れたものである。したがって、当期にすでに発生している利息を月割で計上する。

⑨ 保険料の前払分¥30,000を計上する。

問1 答案用紙の精算表を完成しなさい。

問2 決算整理後の建物の帳簿価額を答えなさい。

Hint
精算表の勘定科目を上から順に読み、横線で資産、負債、資本、収益、費用に区切ってから解きましょう

Rule
売掛金の変動は貸倒引当金に影響する

Hint
購入した備品の使用期間は1か月
⇒1か月分の償却

Digression（余談）
借越限度額を超えれば、ほぼ倒産。だからそんな問題は見たことない

Hint
売上原価は期首商品＋当期仕入－期末商品。仕入の行には元々当期仕入が入っているので修正記入欄では期首商品を加えて期末商品を引く

Hint
利息は後払い
⇒未払利息となる

Rule
建物の帳簿価額は「取得原価－累計額」

ヨコ解き
問　題

第1問

第2問
(1)

第2問
(2)

第3問

省略とメモリー機能で電卓上手
スピードアップのための電卓術

電卓の上手な使い方をマスターすればスピードアップが図れ、得点力がアップします。
電卓を使いこなすテクニックを修得しましょう。

メモリー機能を使いこなそう

「計算途中の結果を紙にメモした」経験がありませんか。でも電卓が覚えてくれるなら、その方が楽ですね。

紙に書く代わりに電卓に覚えさせるメモリー機能を使ってスピードアップを図りましょう。

メモリー機能は次の4つのキーで操作します。

キー	呼び方	機能
M＋	メモリープラス	画面の数字を電卓のメモリーに加算し（足し込み）ます。
M−	メモリーマイナス	画面の数字を電卓のメモリーから減算し（引き）ます。
RM または MR	リコールメモリー	メモリーに入っている数字を画面に表示します。
CM または MC	クリアメモリー	メモリーに入っている数字をクリア（ゼロ）にします。

メモリー機能の練習

練習問題

100円の商品を3個と200円の商品を5個購入しました。総額でいくらでしょうか。

操作	電卓の表示	機能	メモリーの値
CA または AC と MC	0	計算結果やメモリーを全てクリアします。	0
1 00 × 3 M＋	300	メモリーに300を加算します。	300
2 00 × 5 M＋	1,000	メモリーに1,000を加算します。	1,300
RM または MR	1,300	メモリーに入っている数字を表示します。	1,300

第1部　ヨコ解き！編

解答・解説

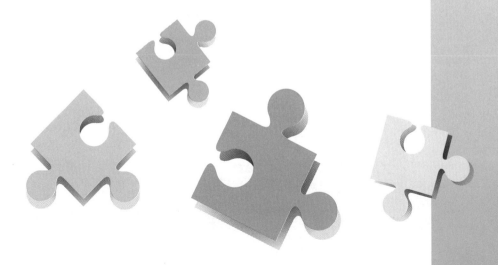

第1問【解答・解説】

解答 ▶ 第1回　商品売買①　　　　　　　➡ 問題2ページ

	借方科目	金　額	貸方科目	金　額
		仕　　　訳		
1	仕　　　　　入	906,000	買　掛　金	900,000
			現　　　　　金	6,000
2	前　受　金	40,000	売　　　　　上	428,000
	売　掛　金	388,000		
3	売　　　　　上	350,000	売　掛　金	350,000
4	貸倒引当金	168,000	売　掛　金	240,000
	貸　倒　損　失	72,000		
5	仕　　　　　入	211,500	買　掛　金	211,500

ここに注意

1 販売目的の中古自動車
　　→「仕入」で処理
2 手付金は受取時に「前受金」で処理している。
3 「かねて」→「以前」と考える。
4 貸倒引当金残高の超過分は「貸倒損失」で処理
5 納品書の請求額に送料が含まれている→当社負担

予想配点 仕訳1組につき3点。合計15点。

解説

　仕訳問題を解くとき、「問題文のキーワードとなる語句に着目して、勘定科目を考える」ようにすると、仕訳を考えやすくなります。

1. 販売目的の商品購入時の処理

> 　販売目的の中古自動車を¥900,000で購入し、代金は後日支払うこととした。また、その引取運賃として¥6,000を現金で支払った。なお、当社は自動車販売業を営んでいる。

❶引取運賃は仕入に含める

　　（仕　　　入）❶　906,000　（買　掛　金）❷　900,000
　　　　　　　　　　　　　　　　（現　　　金）❸　　　6,000

2．前受金の処理（商品売渡時）

得意先北海道商店に商品¥428,000を売り上げ**❶**、代金については注文時に同店から受け取った手付金¥40,000**❷**と相殺し、残額を掛け**❸**とした。

❸ ¥428,000 − ¥40,000 ＝¥388,000

（前　受　金）❷	40,000	（売　　　　上）❶	428,000
（売　掛　金）❸	388,000		

ヨコ解き解答

第1問

第2問 (1)

第2問 (2)

第3問

3．掛け売上の返品

かねて販売した商品¥350,000の返品を受けたため**❶**、掛代金から差し引く**❷**こととした。

❶ 返品なので、掛け売上時の仕訳の貸借逆仕訳となる。

（売　　　　上）❶	350,000	（売　掛　金）❷	350,000

4．貸倒れの処理

前期の売上げにより生じた売掛金 ¥240,000が貸し倒れた。なお、貸倒引当金の残高は¥168,000**❶**である。

❶ 貸倒引当金残高＜回収不能売掛金 →貸倒引当金残高で足りない部分は貸倒損失とする
¥240,000 − ¥168,000 ＝¥72,000

前期末：	（貸倒引当金繰入）	168,000	（貸倒引当金）	168,000
	（処理済）			
貸倒れ：	（貸倒引当金）❶	168,000	（売　掛　金）	240,000
	（貸倒損失）❶	72,000		

5．納品書からの仕訳（商品の仕入）

商品を仕入れ**❶**、品物とともに次の納品書を受取り、代金は後日支払うこととした**❷**。

❷ 送料を含めた代金を「買掛金」として計上する

（仕　　　　入）❶	211,500	（買　掛　金）❷	211,500

	仕		訳	
	借 方 科 目	金 額	貸 方 科 目	金 額
1	売 掛 金	184,500	売 上	184,500
	発 送 費	4,500	未 払 金	4,500
2	仕 入	82,000	前 払 金	24,000
			買 掛 金	56,000
			現 金	2,000
3	受 取 商 品 券	45,000	売 上	120,000
	現 金	75,000		
4	普 通 預 金	35,000	償却債権取立益	35,000
5	クレジット売掛金	7,760	売 上	15,400
	支 払 手 数 料	240		
	現 金	7,400		

こに注意

1 商品販売時に、得意先から送料込みの金額を受け取る場合、送料の金額も売上に含めて処理する
2 手付金支払時
→「前払金」で処理している
当社負担の引取運賃
→「仕入」に含める
3 商品券の受け取り
→「受取商品券」で処理
4 償却済み債権の回収
→「償却債権取立益」で処理
5 手数料を除いた金額を「クレジット売掛金」とする

予想配点 仕訳1組につき3点。
合計15点。

解説

　仕訳問題を解くとき、「問題文のキーワードとなる語句に着目して、勘定科目を考える」ようにすると、仕訳を考えやすくなります。

1.商品販売時に売手が送料を支払った場合の処理

　商品¥184,500（送料込み）を販売し、代金は掛けとした。また、同時に配送業者へこの商品を引き渡し、送料¥4,500（費用処理する）は月末に支払うこととした。

　　　　　　　　（売　掛　金）❶ 184,500　（売　　　　上）❷ 184,500
　　　　　　　　（発　送　費）❸ 　4,500　（未　払　金）❹ 　4,500

2. 商品の仕入れ

仕入先長野商店に注文していた商品¥80,000が到着した**❶**。商品代金のうち30%は手付金としてあらかじめ支払済み**❷**であるため相殺し、残額は掛けとした**❸**。なお、商品の引取運賃¥2,000は着払い（当社負担）となっているため運送業者に現金で支払った**❹**。

❶ 🖩 ¥80,000＋¥2,000
　　　＝¥82,000
❷ 🖩 ¥80,000×30%
　　　＝¥24,000
❸ 🖩 ¥80,000－¥24,000
　　　＝¥56,000

（仕　　　　入）**❶**	82,000	（前　払　金）**❷**	24,000
		（買　掛　金）**❸**	56,000
		（現　　　　金）**❹**	2,000

ヨコ解き
解　答

第1問

第2問
(1)

第2問
(2)

第3問

3. 商品券による売上

商品¥120,000を販売し**❶**、代金のうち¥45,000は信販会社が発行している商品券で受け取り**❷**、残額は現金で受け取った**❸**。

❸ 🖩 ¥120,000－¥45,000
　　　＝¥75,000

（受 取 商 品 券）**❷**	45,000	（売　　　　上）**❶**	120,000
（現　　　　金）**❸**	75,000		

4. 貸倒れ処理済みの売掛金回収時の処理

昨年度に取引先が倒産し、その際に売掛金¥700,000の貸倒れ処理を行っていたが、本日、得意先の清算に伴い¥35,000の分配を受け**❶**、同額が普通預金口座へ振り込まれた**❷**。

貸倒れ時：（貸 倒 引 当 金）	700,000	（売　掛　金）	700,000
（処理済）				
回 収 時：（普 通 預 金）**❷**	35,000	（償却債権取立益）**❶**	35,000

5. 売上集計表からの仕訳

店頭における一日分の売上の仕訳を行うにあたり、売上集計表は次のとおりであった**❶**。また、合計額のうち¥8,000はクレジットカード**❸**、残りは現金による決済**❹**であった。なお、信販会社への手数料として、クレジット決済額の3%の手数料を計上**❷**する。

❷ 🖩 ¥8,000×3%＝¥240
❸ 🖩 ¥8,000－¥240＝¥7,760
❹ 🖩 ¥15,400－¥8,000
　　　＝¥7,400

（クレジット売掛金）**❸**	7,760	（売　　　　上）**❶**	15,400
（支 払 手 数 料）**❷**	240		
（現　　　　金）**❹**	7,400		

	仕		訳	
	借 方 科 目	金 額	貸 方 科 目	金 額
1	建　　　　物	328,000	当 座 預 金	328,000
2	備品減価償却累計額	600,000	備　　　　品	900,000
	未 収 入 金	325,000	固定資産売却益	25,000
3	建　　　　物	16,000,000	普 通 預 金	20,000,000
	修　　繕　　費	4,000,000		
4	備品減価償却累計額	324,000	備　　　　品	540,000
	減 価 償 却 費	27,000		
	未 収 入 金	138,000		
	固定資産売却損	51,000		
5	備　　　　品	4,575,000	未 払 金	4,575,000

こに注意

1 仲介手数料は建物の付随費用
2 売却価額と帳簿価額との差額が売却損益
3 資本的支出は固定資産（建物）の増加、収益的支出は費用（修繕費）として処理する。
4 当期は3か月経過している
5 営業外取引の未払い
 →「未払金」で処理

予想配点 仕訳1組につき3点。合計15点。

解説

　仕訳問題を解くとき、「問題文のキーワードとなる語句に着目して、勘定科目を考える」ようにすると、仕訳を考えやすくなります。

1. 固定資産の購入の処理

> 　店舗用の建物¥320,000を購入し、不動産業者への仲介手数料¥8,000❶とともに小切手を振り出して支払った。❷

❶不動産業者への仲介手数料は、建物の取得原価に含める。

（建　　　　物）❶　328,000　（当 座 預 金）❷　328,000

2. 備品の売却時の処理（期首売却）

> 　備品（取得原価¥900,000❶、減価償却累計額¥600,000❷、耐用年数6年）を4年間使用してきたが、5年目の期首に¥325,000で売却し、代金は翌月末に受け取ることにした。❸

❹ 帳簿価額：¥900,000－¥600,000
　　　　＝¥300,000
　売却損益：¥325,000－¥300,000
　　　　＝¥25,000（益）

（備品減価償却累計額）❷　600,000　（備　　　　品）❶　900,000
（未 収 入 金）❸　325,000　（固定資産売却益）❹　25,000

3.資本的支出・収益的支出

建物の改築と修繕を行い、<u>代金¥20,000,000を普通預金口座から支払った</u>❶。うち<u>建物の資産</u>
<u>価値を高める支出額（資本的支出）は¥16,000,000</u>❷であり、<u>建物の現状を維持するための支出</u>
<u>額（収益的支出）は¥4,000,000</u>❸である。

❷ 資本的支出→「建物」
❸ 収益的支出→「修繕費」

（建 物）❷	16,000,000	（普 通 預 金）❶	20,000,000
（修 繕 費）❸	4,000,000		

ヨコ解き
解 答

第1問

第2問
（1）

第2問
（2）

第3問

4.備品の売却時の処理（期中売却）

×3年4月10日に購入した備品（<u>取得原価¥540,000、減価償却累計額¥324,000、耐用年数</u>
<u>5年、残存価額をゼロとする定額法で計算、間接法で記帳</u>❸）が不用になったので、本日（×6
年6月30日）<u>¥138,000で売却し</u>、<u>代金は翌月末に受け取ることにした</u>❹。なお、決算日は3月
31日とし、<u>減価償却費は月割りで計算</u>❸する。

❸ 🖩 ¥540,000 × $\dfrac{3か月}{60か月}$ ＝¥27,000
❺ 🖩帳簿価額：
　　¥540,000 － ¥324,000 － ¥27,000
　　＝¥189,000
　　売却損益：¥138,000 － ¥189,000
　　　　　　＝△¥51,000（損）

（備品減価償却累計額）❷	324,000	（備 品）❶	540,000
（減 価 償 却 費）❸	27,000		
（未 収 入 金）❹	138,000		
（固定資産売却損）❺	51,000		

5.備品の購入

<u>事務作業に使用する物品をインターネット注文で購入</u>❶し、品物とともに次の請求書を受け
取り、<u>代金は後日支払う</u>❷ことにした。

❶ 付随費用も取得原価に含
める。

（備 品）❶	4,575,000	（未 払 金）❷	4,575,000

	仕		訳			
	借 方 科 目	金 額	貸 方 科 目	金 額		
1	当 座 預 金	2,000,000	普 通 預 金	2,000,000		
	支 払 手 数 料	800	現 金	800		
2	手 形 貸 付 金	600,000	当 座 預 金	600,000		
3	借 入 金	730,000	当 座 預 金	734,000		
	支 払 利 息	4,000				
4	買 掛 金	340,000	電子記録債務	340,000		
5	当 座 預 金	149,500	売 掛 金	150,000		
	支 払 手 数 料	500				

ここに注意

1 小切手帳交付にかかる手数料
　→「支払手数料」で処理
2 手形による貸付け
　→「手形貸付金」で処理
3 100日分の利息を支払う。
4 買掛金の支払い（決済）
　→「電子記録債務」に振替
5 当社負担の振込手数料
　→「支払手数料」で処理

予想配点 仕訳1組につき3点。
合計15点。

解説

　仕訳問題を解くとき、「問題文のキーワードとなる語句に着目して、勘定科目を考える」ようにすると、仕訳を考えやすくなります。

1．普通預金口座から当座預金口座への振替え時の処理

> 　銀行で当座預金口座を開設し、¥2,000,000を普通預金口座からの振り替えにより当座預金口座に入金した。また、小切手帳の交付を受け、手数料として¥800を現金で支払った。

（当 座 預 金）❷ 2,000,000 （普 通 預 金）❶ 2,000,000
（支 払 手 数 料）❸ 800 （現 　 金）❹ 800

2．手形貸付金の処理

> 　和歌山商店に資金¥600,000を貸し付けるため、同店振出しの約束手形を受け取り、同日中に当社の当座預金より和歌山商店の銀行預金口座に同額を振り込んだ。なお、利息は返済時に受け取ることとした。

（手 形 貸 付 金）❶ 600,000 （当 座 預 金） 600,000

3. 借入金の返済

> 取引銀行から借り入れていた¥730,000の支払期日が到来したため、元利合計を当座預金口座から返済した。なお、借入れにともなう利率は年2%、借入期間は100日であり、利息は1年を365日として日割計算する。

❸計算 ¥730,000 × 2% × $\frac{100日}{365日}$ = ¥4,000	（借　入　金）❶	730,000	（当 座 預 金）❷	734,000
	（支 払 利 息）❸	4,000		

4. 電子記録債務の発生

> 広島商事株式会社は、福井商会株式会社に対する買掛金¥340,000の支払いを電子債権記録機関で行うため、取引銀行を通して債務の発生記録を行った。

（買　掛　金）❶	340,000	（電子記録債務）❷	340,000

5. 売掛金の回収

> 得意先から先月締めの掛代金¥150,000の回収として、振込手数料¥500（当社負担）を差し引かれた残額が当社の当座預金口座に振り込まれた。

❷販売契約の時点で、振込手数料はどちらが負担するかを決めています	（当 座 預 金）❸	149,500	（売　掛　金）❶	150,000
❸計算 ¥150,000 − ¥500 = ¥149,500	（支 払 手 数 料）❷	500		

ヨコ解き
解　答

第1問

第2問
(1)

第2問
(2)

第3問

	仕		訳	
	借 方 科 目	金 額	貸 方 科 目	金 額
1	修 繕 費	40,000	現 金	40,000
2	支 払 家 賃	300,000	普 通 預 金	900,000
	差 入 保 証 金	600,000		
3	租 税 公 課	100,000	現 金	100,000
4	備 品	550,000	普 通 預 金	555,000
	消 耗 品 費	5,000		
5	旅 費 交 通 費	25,400	普 通 預 金	25,400

！ここに注意

1 備品の修理費用
　→「修繕費」で処理
2 敷金は「差入保証金」で処理する
3 店舗に対する固定資産税は「租税公課」で処理
4 事務用オフィス機器→備品
　コピー用紙→消耗品費
5 振込先の口座種別は仕訳には関係しない。

予想配点 仕訳1組につき3点。合計15点。

解説

　仕訳問題を解くとき、「問題文のキーワードとなる語句に着目して、勘定科目を考える」ようにすると、仕訳を考えやすくなります。

1. 備品（修繕費）の処理

　一昨年度に購入した備品（プリンター）が故障したため、その<u>修理費用</u>❶として¥40,000を<u>現金</u>❷で支払った。

　　　　　　　　　　（修　繕　費）❶　40,000　（現　　　金）❷　40,000

2. 支払家賃、敷金の処理

　新店舗を賃借し、1か月分の<u>家賃</u>❶¥300,000、<u>敷金</u>❷¥600,000を<u>普通預金</u>❸口座から振り込んだ。

　　　　　　　　　　（支　払　家　賃）❶　300,000　（普　通　預　金）❸　900,000
　　　　　　　　　　（差　入　保　証　金）❷　600,000

44

3. 固定資産税納付時の処理

店舗用の建物に対する固定資産税￥100,000**❶**を現金で納付**❷**した。

> **❶** 固定資産税、自動車税、印紙税など、利益以外の金額にもとづいて課される税金は「租税公課」で処理する。

（租 税 公 課）**❶** 100,000 （現　　　　金）**❷** 100,000

4. 固定資産・消耗品の購入

事務用のオフィス機器￥550,000**❶**とコピー用紙￥5,000**❷**を購入し、代金の合計を普通預金口座から振り込んだ**❸**。

> **❸** 🖩 ￥550,000＋￥5,000 ＝￥555,000

（備　　　　品）**❶** 550,000 （普 通 預 金）**❸** 555,000
（消 耗 品 費）**❷** 　5,000

5. 証ひょうによる経費の精算

出張旅費を立て替えて支払っていた**❶**従業員が出張から帰社し、次の領収書を提示したので、普通預金口座から従業員の指定する普通預金口座へ振り込んで精算した**❷**。

> **❶** 従業員が支払った金額は、領収書を提示することで証明される。

（旅 費 交 通 費）**❶** 25,400 （普 通 預 金）**❷** 25,400

	仕		訳		
	借 方 科 目	金 額	貸 方 科 目	金 額	
1	通 信 費	27,000	現 金 過 不 足	21,300	
	雑 損	3,300	受 取 手 数 料	9,000	
2	旅 費 交 通 費	18,000	現 金	18,000	
3	仮 受 金	345,000	売 掛 金	300,000	
			前 受 金	45,000	
4	現 金 過 不 足	100	現 金	100	
5	旅 費 交 通 費	75,000	仮 払 金	50,000	
			未 払 金	25,000	

ここに注意

1 「現金過不足」（不足額）は、期中において借方に計上されている
2 入金時に「仮払金」として処理する方法もある
3 手付金は「前受金」で処理
4 決算時ではないので、雑損としないこと
5 旅費＝仮払額＋不足額

予想配点 仕訳1組につき3点。合計15点。

解説

仕訳問題を解くとき、「問題文のキーワードとなる語句に着目して、勘定科目を考える」ようにすると、仕訳を考えやすくなります。

1. 現金過不足（決算日）の処理

決算日②において、現金過不足（不足額）①¥21,300の原因をあらためて調査した結果、通信費③¥27,000の支払い、および手数料の受取額④¥9,000の記入もれが判明した。残りの金額は原因が不明であったので⑤、適切な処理を行う。

① 期中における「現金過不足」計上時の仕訳をイメージしてみる

⑤ ¥21,300＋¥9,000－¥27,000＝¥3,300

期 中：（現 金 過 不 足）① 21,300 （現 金） 21,300
（処理済）
決算日：（通 信 費）③ 27,000 （現 金 過 不 足）② 21,300
（雑 損）⑤ 3,300 （受 取 手 数 料）④ 9,000

2. 旅費交通費の処理

営業活動で利用する電車およびバスの料金支払用ICカードに現金¥18,000を入金し①、領収証の発行を受けた。なお、入金時に全額費用に計上する方法②を用いている。

② 電車及びバスの料金→「旅費交通費」で処理

（旅 費 交 通 費）② 18,000 （現 金）① 18,000

３. 仮受金の処理

従業員が出張から戻り、さきの当座預金口座への￥345,000の入金は、得意先静岡商店から ❶ の売掛金￥300,000の回収および得意先浜松商店から受け取った手付金￥45,000であることが ❷ ❸ 判明した。なお、入金時には内容不明の入金として処理してある。 ❶

❶ 受取時の仕訳をイメージ してみる

受取時：(当 座 預 金)❶　345,000　(仮　　受　　金)❶　345,000
判明時：(仮　受　金)❶　345,000　(売　　掛　　金)❷　300,000
　　　　　　　　　　　　　　　　　(前　　受　　金)❸　　45,000

４. 現金過不足の処理

月末に金庫を実査したところ、紙幣￥50,000、硬貨￥2,900、得意先振出しの小切手￥5,000、 ❶ 約束手形￥10,000、郵便切手￥500が保管されていたが、現金出納帳の残高は￥58,000であった。 ❷ 不一致の原因を調べたが原因は判明しなかったので、現金過不足勘定で処理することにした。 ❸

❶ 実際有高：￥57,900
❷ 帳簿残高：￥58,000
❸ 🖩￥57,900－￥58,000
　＝△￥100

(現 金 過 不 足)❸　　100　(現　　　　　金)　　100

５. 旅費の精算

従業員が出張から帰社し、旅費の精算を行ったところ、あらかじめ概算額で仮払いしてい ❶ た￥50,000では足りず、不足額￥25,000を従業員が立替払いしていた。なお、この不足額は次 ❷ ❸ の給料支払時に従業員へ支払うため、未払金として計上した。 ❸

❶ 🖩￥50,000＋￥25,000
　＝￥75,000

(旅 費 交 通 費)❶　　75,000　(仮　　払　　金)❷　　50,000
　　　　　　　　　　　　　　　　　(未　　払　　金)❸　　25,000

ヨコ解き
解　答

第１問

第２問
(1)

第２問
(2)

第３問

	仕		訳	
	借 方 科 目	金 額	貸 方 科 目	金 額
1	仕　　　　　入	120,000	買　　掛　　金	132,000
	仮 払 消 費 税	12,000		
2	給　　　　　料	280,000	社会保険料預り金	16,000
			所 得 税 預 り 金	11,200
			当 座 預 金	252,800
3	現　　　　　金	55,000	売　　　　　上	250,000
	受 取 商 品 券	220,000	仮 受 消 費 税	25,000
4	社会保険料預り金	48,000	普 通 預 金	96,000
	法 定 福 利 費	48,000		
5	仮 払 法 人 税 等	180,000	普 通 預 金	180,000

！ここに注意

1　税抜き方式では、消費税を除いた金額で「仕入」を計上する
2　給料は総額で計上する
3　商品券の受取りは「受取商品券」で処理する
4　社会保険料のうち、会社負担分は「法定福利費」で処理する
5　科目が法人税であり、中間申告に○がついているため、中間申告時の納付と判断できる

予想配点　仕訳1組につき3点。合計15点。

解説 ▶

　仕訳問題を解くとき、「問題文のキーワードとなる語句に着目して、勘定科目を考える」ようにすると、仕訳を考えやすくなります。

1. 商品の仕入れ（税抜き方式）

> 　商品（本体価格￥120,000）を仕入れ①、代金は10％の消費税を含めて掛けとした②。なお、消費税については、税抜方式で記帳する。

❸ ￥120,000 × 10% ＝￥12,000

（仕　　　　入）❶　120,000　（買　掛　金）❷　132,000
（仮 払 消 費 税）❸　 12,000

2. 給料の支払時の処理

> 　従業員への給料の支払いにあたり、給料総額￥280,000①のうち、本人負担の社会保険料￥16,000②と、所得税の源泉徴収分￥11,200③を差し引き、残額を当座預金口座より振り込んだ④。

❸所得税は、そのまま納付しますが❷社会保険料は、本人負担額と同額を会社が負担して納付することから、本来このように分けて処理します。

（給　　　　料）❶　280,000　（社会保険料預り金）❷　 16,000
　　　　　　　　　　　　　　　（所得税預り金）❸　 11,200
　　　　　　　　　　　　　　　（当 座 預 金）❹　252,800

3. 商品の売り上げ（税抜き方式）

> 商品¥275,000（消費税¥25,000を含む）を売り上げ、合計額のうち¥55,000（税込価格）は現[❶]
> 金で受け取り[❷]、残額は共通商品券を受け取った[❸]。なお、消費税は税抜方式で記帳する。

[❶] 本体価格（税抜価格）
¥275,000 − ¥25,000
＝ ¥250,000

（現　　　　金）[❷]	55,000	（売　　　　上）[❶]	250,000
（受取商品券）[❸]	220,000	（仮受消費税）[❶]	25,000

ヨコ解き
解　答

第1問

第2問
(1)

第2問
(2)

第3問

4. 社会保険料の納付時の処理

> 従業員にかかる健康保険料¥96,000を普通預金口座から納付[❶]した。このうち従業員負担分
> ¥48,000は、社会保険料預り金からの支出[❷]であり、残額は会社負担分[❸]である。

[❸] ¥96,000 − ¥48,000
＝ ¥48,000

（社会保険料預り金）[❷]	48,000	（普　通　預　金）[❶]	96,000
（法　定　福　利　費）[❸]	48,000		

5. 法人税等の中間納付

> 以下のとおり納付書にもとづき、当社の普通預金口座から振り込んだ[❶]。

[❷] 証ひょうの読み取り
科目が法人税
中間申告に○印
⇒法人税等の中間納付

（仮払法人税等）[❷]	180,000	（普　通　預　金）[❶]	180,000

	仕 訳			
	借 方 科 目	金 額	貸 方 科 目	金 額
1	貯 蔵 品	8,400	租 税 公 課	6,000
			通 信 費	2,400
2	当 座 預 金	213,000	借 入 金	213,000
3	受 取 手 数 料	14,000	損 益	14,000
4	普 通 預 金	6,000,000	資 本 金	6,000,000
5	繰越利益剰余金	3,300,000	未 払 配 当 金	3,000,000
			利 益 準 備 金	300,000

！ここに注意

1 未使用分の収入印紙、切手
→「貯蔵品」に振替
2 当座預金の貸方残高は「借入金」
または「当座借越」に振替
3 収益の貸方残高
→損益勘定の貸方へ振替
4 株主からの払込金は「資本金」
とする
5 「繰越利益剰余金」の全額が処分
されるわけではない。

予想配点 仕訳1組につき3点。
合計15点。

解 説

仕訳問題を解くとき、「問題文のキーワードとなる語句に着目して、勘定科目を考える」ように すると、仕訳を考えやすくなります。

1.貯蔵品勘定への振替

決算にあたり、商品以外の物品の現状を調査したところ、収入印紙¥6,000[1]と郵便切手¥2,400[2] が未使用であることが判明したため、適切な勘定へ振り替える[3]。

[3] ¥6,000＋¥2,400
＝¥8,400

（貯 蔵 品）[3] 8,400 （租 税 公 課）[1] 6,000
（通 信 費）[2] 2,400

2.当座借越の処理

決算にあたり、取引銀行の当座預金残高が¥213,000の貸方残高[1]となっているため、適切な 勘定に振り替える[2]。なお、取引銀行とは借越限度額を¥1,000,000とする当座借越契約を結ん でいる。

[2]勘定科目群に「借入金」
がある

（当 座 預 金）[1] 213,000 （借 入 金）[2] 213,000

３．収益の損益勘定への振替

決算日に受取手数料勘定の貸方残高¥14,000を損益勘定に振り替えた。

❷帳簿上、損益勘定で当期
の利益（または損失）を
計算する

（受取手数料）❶　14,000　（損　　　　益）❷　14,000

４．株式会社の設立

千葉商事株式会社を設立し、株式120株を１株あたり¥50,000で発行し、株主からの払込金は普通預金とした。

❶ ¥50,000 × 120 株
　＝¥6,000,000

（普通預金）❷ 6,000,000　（資　本　金）❶ 6,000,000

５．剰余金の配当時の処理

定時株主総会を開催し、繰越利益剰余金¥5,000,000の一部を次のとおり処分することが承認された。

　　株主配当金：¥3,000,000
　　利益準備金の積立て：¥　300,000

❶ ¥3,000,000 ＋ ¥300,000
　＝¥3,300,000

（繰越利益剰余金）❶ 3,300,000　（未払配当金）❷ 3,000,000
　　　　　　　　　　　　　　　（利益準備金）❸ 　300,000

第2問-(1)【解答・解説】

解答 第1回 勘定記入①(第151回第2問) ➡ 問題10ページ

A	B	C	D	E
現　金	普通預金	次月繰越	仕　入	前月繰越

①	②	③	④	⑤
11,000	925,000	418,000	95,000	9,000

！ここに注意

・買掛金勘定には、相手勘定科目を記入することに注意する。

予想配点 1つにつき1点。合計10点。

解説

　買掛金元帳は、仕入先別に買掛金の明細を記録する補助簿です。仕入先は北海道商店と沖縄商店の2店のみなので、取引日で対応関係を確認しながら、語句および金額を記入していきましょう。

総勘定元帳（買掛金）

10/ 1	**E** 前 月 繰 越	330,000	（ 北海道商店：210,000、沖縄商店：120,000 ）				
/8	（ **D** 仕　　入 ）	418,000		（ 買掛金・沖縄 ）	③	418,000	
/9	（ 買掛金・沖　縄 ）	⑤	9,000	（ 仕　　入 ）	9,000		
/15	（ 買掛金・沖　縄 ）	331,000		（ **A** 現　　金 ）	331,000		
/21	（ 仕　　入 ）	821,000		（ 買掛金・北海道 ）	821,000		
/22	（ 買掛金・北海道 ）	①	11,000	（ 仕　　入 ）	11,000		
/25	（ 買掛金・北海道 ）	②	925,000	（ **B** 普 通 預 金 ）	925,000		
/31	**C** 次 月 繰 越	293,000	（ 北海道商店：④95,000、沖縄商店：198,000 ）				

買　掛　金

10/ 9	仕　　入	（ 9,000 ）	10/ 1	前 月 繰 越	330,000	
15	（ **A** 現　　金 ）	331,000	8	（ **D** 仕　　入 ）	③	（ 418,000 ）
(22)	仕　　入 （ ①	11,000 ）	(21)	（ 仕　　入 ）	821,000	
25	（ **B** 普 通 預 金 ） ②	925,000 ）				
31	（ **C** 次 月 繰 越 ）	293,000				
		（ 1,569,000 ）			（ 1,569,000 ）	

北 海 道 商 店

10/22	（返　　品）（	11,000 ）	10/ 1	（前 月 繰 越）		210,000	
25	普通預金払い	925,000	21	仕　入　れ （		821,000 ）	
31	（次 月 繰 越）（④	95,000 ）					
		1,031,000				1,031,000	

沖 縄 商 店

10/ 9	返　　品 （⑤	9,000 ）	10/ 1	（E 前 月 繰 越）（		120,000 ）	
15	現 金 払 い （	331,000 ）	8	仕　入　れ		418,000	
31	（次 月 繰 越）	198,000					
		538,000				538,000	

解答 　第2回　勘定記入②（第147回第4問改題）　　➡ 問題11ページ

支 払 手 数 料

（ 7 /11）（普 通 預 金）（	300 ）	3 /31	（前 払 手 数 料）（	40,000 ）	
（ 3 / 1 ）（現　　　　金）（	60,000 ）	〃	（損　　　　益）（	20,300 ）	
	60,300 ）			60,300	

前 払 手 数 料

3 /31	（支 払 手 数 料）（	40,000 ）	3 /31	（次 期 繰 越）（	40,000 ）

 ここに注意

・土地の購入のために支払った仲介手数料は土地の取得価額に含める。
・支払手数料勘定の残高は損益勘定に振り替える。

予想配点　▨1つにつき2点。合計10点。

解説

　日付順に仕訳を行い、答案用紙の各勘定に日付、語句、金額を記入していきましょう。決算にさいし、支払手数料勘定の残高は、損益勘定に振り替えることに注意しましょう。前払手数料勘定の残高は、次期に繰り越します。

7 /11	（未　　払　　金）	70,000	（普　通　預　金）	70,300		
	（支 払 手 数 料）	300				
10/26	（土　　　　　地）	1,215,000 *1	（当　座　預　金）	1,200,000		
			（現　　　　　金）	15,000		
3 / 1	（支 払 手 数 料）	60,000	（現　　　　　金）	60,000		
3 /31	（前 払 手 数 料）	40,000 *2	（支 払 手 数 料）	40,000		
	（損　　　　益）	20,300	（支 払 手 数 料）	20,300 *3		

* 1　土地取得に伴う仲介手数料は土地の取得価額に含めます。
* 2　￥60,000 × $\frac{2か月}{3か月}$ ＝￥40,000
* 3　￥300 ＋￥60,000 －￥40,000 ＝￥20,300

ヨコ解き解答

第1問

第2問（1）

第2問（2）

第3問

(イ)	(ロ)	(ハ)	(a)	(b)
前払保険料	損益	次期繰越	14,000	15,400

 こ に注意

- 保険料の前払期間を間違えないように注意する。
- 今年の支払額が10%アップしている。

予想配点 1つにつき2点。
合計10点。

解 説

　会計期間は4月1日から翌年3月31日までであり、毎年11月1日に向こう1年分の保険料を支払っているので、保険料の前払計上(月割計算)を行っています。今年の支払額が10%アップしているので、「期首の再振替仕訳の金額」と「期末の保険料の前払計上の金額」は異なります。

期首の再振替仕訳
　前期末に7か月分(4月~10月)の保険料を前払計上しているので、期首に再振替仕訳を行います。

4/1 (保 険 料) 14,000 (前 払 保 険 料) 14,000*1

*1 $¥24,000 \times \dfrac{7か月}{12か月} = ¥14,000$

期中取引
11月1日に保険料¥26,400を現金で支払っています。

11/1 (保 険 料) 26,400 (現 金) 26,400

決算整理
7か月分(4月~10月)の保険料を前払計上します。

3/31 (前 払 保 険 料) 15,400*2 (保 険 料) 15,400

*2 $¥26,400 \times \dfrac{7か月}{12か月} = ¥15,400$

保険料の残高を損益勘定に振り替えます。

(損 益) 25,000 (保 険 料) 25,000*3

*3 $¥14,000 + ¥26,400 - ¥15,400 = ¥25,000$

保 険 料

4/1 (イ前払保険料) (	14,000)	3/31 (前払保険料) (	15,400)
11/1 現 金	26,400	〃 (ロ損 益) (	25,000)
(	40,400)	(	40,400)
4/1 (前払保険料) (b	15,400)		

(前払)保険料

4/1 (前 期 繰 越) (a	14,000)	4/1 (保 険 料) (	14,000)
3/31 (保 険 料) (	15,400)	3/31 (ハ次期繰越) (	15,400)
	29,400		29,400
4/1 (前 期 繰 越) (	15,400)	4/1 (保 険 料) (	15,400)

①	②	③	④	⑤
受取	400,000	1,560,000	次期繰越	1,090,000

 ここに注意

・家賃の前受期間を間違えないように注意する。
・物件Aの家賃が当期中に値上げしている。

予想配点　1つにつき2点。合計10点。

解 説

「決算年1回、3月31日」なので、会計期間は4月1日から3月31日までです。**物件A**に対する家賃が当期中に値上げしていることに注意しましょう。

期首の再振替仕訳

前期決算日に**物件A**に対する4か月分（4月〜7月）の前受家賃を計上しているので、期首に再振替仕訳を行います。

4/1 （前　受　家　賃）　400,000*1　（受　取　家　賃）　400,000　　*1 ￥100,000 × 4か月 ＝￥400,000

期中取引

×7年8月1日に**物件A**に対する半年分の家賃（8月〜1月）が当座預金口座に振り込まれています。また、1か月分の家賃に変更はありません。

8/1 （当　座　預　金）　600,000　（受　取　家　賃）　600,000*2　　*2 ￥100,000 × 6か月 ＝￥600,000

×7年9月1日に**物件B**に対する1年分の家賃が当座預金口座に振り込まれています。

9/1 （当　座　預　金）　1,560,000　（受　取　家　賃）　1,560,000*3　　*3 ￥130,000 × 12か月 ＝￥1,560,000

×8年2月1日に**物件A**に対する半年分の家賃（2月〜7月）が当座預金口座に振り込まれています。また、1か月分の家賃が値上げしていることに注意しましょう。

2/1 （当　座　預　金）　660,000　（受　取　家　賃）　660,000*4　　*4 ￥110,000 × 6か月 ＝￥660,000

決算整理

物件Bに対する5か月分（4月〜8月）の家賃、**物件A**に対する4か月分（4月〜7月）の家賃を前受計上します。なお、**物件A**の前受計上する1か月分の家賃は、値上げした￥110,000となることに注意しましょう。

3/31 （受　取　家　賃）　1,090,000　（前　受　家　賃）　1,090,000*5

*5 ￥130,000 × 5か月 ＝￥　650,000
￥110,000 × 4か月 ＝￥　440,000
￥1,090,000

ヨコ解き解答

第1問

第2問(1)

第2問(2)

第3問

（①受取）家賃

(3/31)（前 受 家 賃）（	1,090,000 ）	(4/1)（前 受 家 賃）（②	400,000 ）
(3/31)（損　　　益）（	2,130,000 ）	8/1　当 座 預 金　（	600,000 ）
		9/1　当 座 預 金　（③	1,560,000 ）
		2/1　当 座 預 金　（	660,000 ）
	（ 3,220,000 ）		（ 3,220,000 ）

（前受）家賃

4/1　（受 取 家 賃）（	400,000 ）	4/1　前 期 繰 越　（	400,000 ）
(3/31)（④ 次 期 繰 越）（	1,090,000 ）	(3/31)（受 取 家 賃）（⑤	1,090,000 ）
	（ 1,490,000 ）		（ 1,490,000 ）

解答 ▶ 第5回　勘定記入⑤ ➡ 問題14ページ

①	②	③	④	⑤
210,000	450,000	損益	次期繰越	240,000

ここに注意

・領収証書が「中間申告」のものか、「確定申告」のものかにより、処理科目が異なる。
・法人税、住民税及び事業税勘定の残高は、決算時に損益勘定に振り替える。

予想配点 1つにつき2点。合計10点。

解説

　日付順に仕訳を行い、問題用紙の各勘定に語句または金額を記入していきましょう。そして、①から⑤にあてはまるものを答案用紙に記入します。

　法人税等の支払いは、中間申告時は仮払法人税等勘定、確定申告時は未払法人税等勘定で処理します。

　決算で当期純利益の金額が確定すると、法人税、住民税及び事業税勘定の金額も決まります。また、法人税、住民税及び事業税勘定は損益勘定へと振り替えられ、残高がゼロになります。未払法人税等勘定は後日納付されるため、次期に繰り越されます。

期中取引

11/28（仮 払 法 人 税 等）　210,000　（普　通　預　金）　210,000

決算整理

3/31（法人税、住民税及び事業税）	450,000[*1]	（仮 払 法 人 税 等）	210,000	*1	¥295,000 ＋ ¥75,000 ＋ ¥80,000 ＝ ¥450,000
		（未 払 法 人 税 等）	240,000[*2]	*2	¥450,000 － ¥210,000 ＝ ¥240,000
3/31（損　　　　　益）	450,000	（法人税、住民税及び事業税）	450,000		

翌期の期中取引

5/31 （未 払 法 人 税 等）　　　240,000　　　（普　通　預　金）　　　240,000

仮払法人税等

11/28 〔普 通 預 金〕（	① 210,000	3/31 〔法人税、住民税及び事業税〕（		210,000 ）

法人税、住民税及び事業税

3/31 諸　　　口 （	② 450,000 ）	3/31 〔③ 損　　益〕（		450,000 ）

未払法人税等

3/31 〔④ 次 期 繰 越〕（	240,000 ）	3/31 〔法人税、住民税及び事業税〕（	⑤ 240,000 ）
5/31 〔普 通 預 金〕（	240,000 ）	4/1 〔前 期 繰 越〕（	240,000 ）

解答　　　第6回　勘定記入⑥（第144回第2問改題）　　➡ 問題15ページ

（ア）	（イ）	（ウ）	（エ）	（A）
460,000	180,000	84,000	163,000	減価償却費

こに注意

・減価償却費は、定額法にもとづき、月割計算によって計上する
・備品Aのみ、残存価額が取得原価の10%
・間接法で記帳している

予想配点　1つにつき2点。
合計10点。

解説

　各勘定の日付欄より、当期は×8年4月1日から×9年3月31日までとわかります。また、備品減価償却累計額勘定があるので、間接法で記帳していることもわかります。

　備品Aと備品Bは取得日より、当期以前に取得したものとわかるので、各備品の取得日から前期末までの経過月数を確認します。

　備品Cは取得日より、当期に取得したものとわかるので、当期の経過月数を確認します。

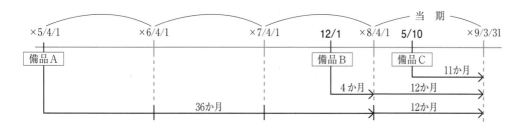

1か月あたりの減価償却費

備品A：¥100,000×0.9÷60か月＝¥1,500　耐用年数5年→60か月　取得原価の90%償却
備品B：¥360,000÷48か月＝¥7,500　　　耐用年数4年→48か月　取得原価の100%償却
備品C：¥180,000÷36か月＝¥5,000　　　耐用年数3年→36か月　取得原価の100%償却

（ア）：備品の前期繰越額となるので、備品Aと備品Bの取得原価の合計となります。

（ア）：￥100,000 + ￥360,000 = ￥460,000
　　　　　備品A　　　　備品B

（イ）：当期に取得した備品の金額となるので、備品Cの取得原価となります。

（イ）：￥180,000

（ウ）：備品減価償却累計額の前期繰越額となるので、前期末までの備品Aと備品Bの減価償却累計額の合計となります。

（ウ）：￥1,500×36か月 + ￥7,500×4か月 = ￥84,000
　　　　　　備品A　　　　　　備品B

（エ）：当期の**減価償却費**（A）の合計となるので、当期における備品Aと備品Bと備品Cの減価償却費の合計となります。

→￥1,500×12か月 + ￥7,500×12か月 + ￥5,000×11か月 = ￥163,000
　　備品A　　　　　　備品B　　　　　　備品C

解 答 ▶ **第7回　商品有高帳（第153回第4問）** ➡ 問題16ページ

問1

ヨコ解き
解　答

第1問

第2問
(1)

第2問
(2)

第3問

商 品 有 高 帳
A 商 品

×8年		摘　　要	受	入		払	出		残	高	
			数量	単価	金　額	数量	単価	金　額	数量	単価	金　額
1	1	前 月 繰 越	60	1,000	60,000				60	1,000	60,000
	10	仕　　　入	240	990	237,600				300	992	297,600
	13	売　　　上				250	992	248,000	50	992	49,600
	20	仕　　　入	350	960	336,000				400	964	385,600
	27	売　　　上				310	964	298,840	90	964	86,760
	29	売 上 返 品	10	964	9,640				100	964	96,400

問2

純 売 上 高	売 上 原 価	売 上 総 利 益
¥　　975,000	¥　　537,200	¥　　437,800

ⓘ ここに注意

・商品有高帳は、受入欄も払出欄も原価で記入する。
・売上返品は受入欄に記入する。

予想配点 ▨ 1つにつき2点。
合計 10 点。

解 説

問1　商品有高帳の作成（移動平均法）

1月1日　摘要欄　前月繰越
　　　　　受入欄　60個×@¥1,000＝¥60,000
　　　　　残高欄　60個×@¥1,000＝¥60,000
　　10日　摘要欄　仕入
　　　　　受入欄　240個×@¥990＝¥237,600
　　　　　残高欄　300個×@¥992*＝¥297,600

$$*平均単価：\frac{¥60,000＋¥237,600}{60個＋240個}＝@¥992$$

　　13日　摘要欄　売上（250個×@¥1,800＝¥450,000）… A
　　　　　払出欄　250個×@¥992＝¥248,000（**売上原価**）… a
　　　　　残高欄　50個×@¥992＝¥49,600
　　20日　摘要欄　仕入
　　　　　受入欄　350個×@¥960＝¥336,000
　　　　　残高欄　400個×@¥964*＝¥385,600

$$*平均単価：\frac{¥49,600＋¥336,000}{50個＋350個}＝@¥964$$

　　27日　摘要欄　売上（310個×@¥1,750＝¥542,500）… B
　　　　　払出欄　310個×@¥964＝¥298,840（**売上原価**）… b
　　　　　残高欄　90個×@¥964＝¥86,760
　　29日　摘要欄　売上返品（△10個×@¥1,750＝△¥17,500）… C
　　　　　受入欄　10個×@¥964＝¥9,640（**売上原価のマイナス**）… c
　　　　　残高欄　100個×@¥964＝¥96,400

問2

純売上高 … ①
A　　　　¥450,000
B　　　　¥542,500
C　　　△¥ 17,500
　　　　　¥975,000

売上原価 … ②
a　　　　¥248,000
b　　　　¥298,840
c　　　△¥ 9,640
　　　　　¥537,200

売上総利益
①　　　　¥975,000
②　　　－¥537,200
　　　　　¥437,800

(1)

仕　訳　日　計　表

×9年12月1日

借　方	勘定科目	貸　方
22,000	現　　　　金	13,000
90,000	売　掛　金	
	買　掛　金	55,000
	売　　　　上	100,000
	受取手数料	12,000
68,000	仕　　　　入	
180,000		180,000

(2)　出金伝票No.202および振替伝票No.302で記録された取引において仕入れた商品の金額

¥（　　63,000　）

ここに注意

(2)出金伝票の相手勘定科目から、起票方法を判断する。

予想配点　■1つにつき2点。合計10点。

解説

(1) 伝票から各勘定科目の借方（または貸方）の金額を集計し、仕訳日計表に記入します。

(2) No.202の相手勘定科目から、「取引を擬制して起票する方法」か、「取引を分解して起票する方法」のどちらを用いているのかを判断し、仕入れた商品の金額を求めます。

(1)

入金伝票

No.101
（現　　　金） 10,000　（売　　　上） 10,000
No.102
（現　　　金） 12,000　（受取手数料） 12,000

出金伝票

No.201
（仕　　　入） 5,000　（現　　　金） 5,000
No.202
（仕　　　入） 8,000　（現　　　金） 8,000

振替伝票

No.301
（売　掛　金） 90,000　（売　　　上） 90,000
No.302
（仕　　　入） 55,000　（買　掛　金） 55,000

(2)

　出金伝票の相手勘定科目が「仕入」と記入されているため、**取引を分解して起票する方法**を用いていると判断できます。

出金伝票
（仕　　　入） 8,000　（現　　　金） 8,000
振替伝票
（仕　　　入） 55,000　（買　掛　金） 55,000
仕入れた商品の金額
　¥8,000 ＋ ¥55,000 ＝ **¥63,000**

memo

第**2**問－(2)【**解答・解説**】

解答 | 第1回　補助簿の選択①(第150回第2問)　➡ 問題18ページ

問1

日付 ＼ 帳簿	現金出納帳	当座預金出納帳	商品有高帳	売掛金元帳(得意先元帳)	買掛金元帳(仕入先元帳)	仕入帳	売上帳
7日	◯		◯		◯	◯	
12日			◯	◯			◯
15日		◯		◯			

	問2		問3
¥	136,000	¥	165,000

！ ここに注意

- 仕入、売上取引によって商品の増減がある場合、商品有高帳に記入する。
- 売掛金勘定の残高＝東京商店に対する売掛金の残高＋箱根商店に対する売掛金の残高

予想配点　□ 1つにつき2点。合計10点。

解説

問1

　各日付の取引の仕訳を行い、記入される補助簿を選択します。**問3**で、箱根商店に対する売掛金の残高が問われているので、仕訳のさい、「売掛金・○○」と○○に商店名を記入しておくと、整理しやすくなります。

7日　仕入

仕　入　帳 ◀ ┌（仕　　　入）242,500　（買　掛　金）240,000┐ ▶ 買掛金元帳
商品有高帳 ◀ └　　　　　　　　　　　（現　　　金）　2,500┘ ▶ 現金出納帳
　　　　　　＊　商品の増減があるため、商品有高帳に記入します。

12日　売上

売掛金元帳 ◀ ┌（売掛金・東京）78,000　（売　　　上）78,000┐ ▶ 売　上　帳
　　　　　　└　　　　　　　　　　　　　　　　　　　　　　　┘ ▶ 商品有高帳
　　　　　　＊　商品の増減があるため、商品有高帳に記入します。

15日　売掛金の回収

当座預金出納帳 ◀ ┌（当座預金）50,000　（売掛金・箱根）50,000┐ ▶ 売掛金元帳

19日　売上

売掛金元帳 ◄──── (売掛金・箱根)　　63,000　　(売　　上)　　63,000 ───► 売　上　帳
　　　　　　　　　　　　　　　　　　　　　　　　　　　　　　　　　　　　　───► 商品有高帳

　　　＊　商品の増減があるため、商品有高帳に記入します。

22日　売上返品

売　上　帳 ◄──── (売　　上)　　5,000　　(売掛金・箱根)　　5,000 ───► 売掛金元帳
商品有高帳 ◄────

　　　＊　商品の増減があるため、商品有高帳に記入します。

29日　売掛金の回収

当座預金出納帳 ◄──── (当座預金)　　49,000　　(売掛金・東京)　　49,000 ───► 売掛金元帳

問2、問3

　問題文に、「当社の得意先は東京商店と箱根商店だけである」とあることから、6月1日現在において、「**売掛金勘定の残高＝東京商店に対する売掛金の残高＋箱根商店に対する売掛金の残高**」という関係が成り立ちます。

　　¥387,000 ＝ ¥230,000 ＋ 箱根商店に対する売掛金の残高
　　箱根商店に対する売掛金の残高 ＝ ¥387,000 － ¥230,000 ＝ ¥157,000

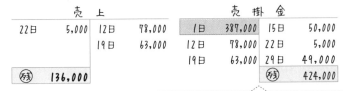

ヨコ解き
解　答

第1問

第2問
(1)

第2問
(2)

第3問

問1

補助簿＼日付	現金出納帳	当座預金出納帳	商品有高帳	売掛金元帳(得意先元帳)	買掛金元帳(仕入先元帳)	仕入帳	売上帳	固定資産台帳
2日			○		○	○		
16日	○	○						○
18日	○		○	○			○	
25日				○				

問2 ¥(882,000)の固定資産売却(損 ・ ⦿益⦿)

（注）（ ）内の損か益のいずれかに○印をつけること。

> **！ここに注意**
>
> ・仕入、売上取引によって商品の増減がある場合、商品有高帳に記入する。
> ・整地費用は、土地を利用するために必要な付随費用となる。

予想配点 ▨ 1つにつき2点。合計10点。

解説

問1

各日付の取引の仕訳を行い、記入される補助簿を選択します。

2日 仕入返品

買掛金元帳 ◀ （買　掛　金）　20,000　（仕　　入）　20,000 ▶ 仕入帳・商品有高帳

＊ 商品の増減があるため、商品有高帳に記入します。

16日 土地の購入

固定資産台帳 ◀ （土　　　地）　5,598,000　（当座預金）　5,400,000 ▶ 当座預金出納帳
　　　　　　　　　　　　　　　　　　　　　　（現　　金）　198,000 ▶ 現金出納帳

＊ 土地：@¥30,000×180㎡＋¥198,000＝¥5,598,000

18日 売上

　　　　　　　　（前　受　金）　40,000　（売　　　上）　450,000 ▶ 売上帳・商品有高帳
売掛金元帳 ◀ （売　掛　金）　410,000
　　　　　　　　（発　送　費）　3,000　（現　　金）　3,000 ▶ 現金出納帳

＊ 商品の増減があるため、商品有高帳に記入します。

25日 貸倒れの処理

（貸倒引当金）　160,000　（売　掛　金）　370,000 ▶ 売掛金元帳
（貸倒損失）　210,000

問2

売却価額と帳簿価額の差額が、売却損益となります。

売却価額：@¥36,000×180㎡＝¥6,480,000

帳簿価額：¥5,598,000

売却損益：¥6,480,000－¥5,598,000＝¥882,000 **(益)**

第3回 補助簿の選択③(第146回第2問改題) ➡ 問題20ページ

補助簿 日付	現金出納帳	当座預金 出 納 帳	商品有高帳	売掛金元帳 (得意先元帳)	買掛金元帳 (仕入先元帳)	仕 入 帳	売 上 帳	固定資産台帳	該当なし
5日		○	○	○			○		
6日		○						○	
16日			○		○	○			
31日①		○							
31日②									○

こに注意

予想配点 ▨ 1つにつき2点。
合計10点。

・仕入、売上取引によって商品の増減がある場合、商品有高帳
に記入する。
・該当する補助簿が1つもない取引は「該当なし」の欄に○印
を付ける。

ヨコ解き
解 答

第1問

第2問
(1)

第2問
(2)

第3問

解 説

各日付の取引の仕訳を行い、記入される補助簿を選択します。

5日 売上

当座預金出納帳 ◄—(当座預金) 400,000 (売 上) 800,000 —► 売 上 帳
売 掛 金 元 帳 ◄—(売 掛 金) 400,000 —► 商 品 有 高 帳

＊1 商品の増減があるため、商品有高帳に記入します。
＊2 現金出納帳には通貨の記録のみ行っているので、他店振出しの小切手(通貨代用証券)
は現金出納帳には記入されない。

6日 建物の引渡し

固定資産台帳 ◄—(建 物) 5,000,000 (仮 払 金) 500,000
(当座預金) 4,500,000 —► 当座預金出納帳

16日 仕入返品

買 掛 金 元 帳 ◄—(買 掛 金) 150,000 (仕 入) 150,000 —► 仕 入 帳
—► 商 品 有 高 帳

＊ 商品の増減があるため、商品有高帳に記入します。

31日① 現金過不足の原因判明

当座預金出納帳 ◄—(当座預金) 20,000 (現金過不足) 20,000

＊ 現金過不足は借方残高となっているので、原因判明時に貸方に計上することによって取
り消す。

31日② 貸倒引当金の設定

(貸倒引当金繰入) 8,000 (貸倒引当金) 8,000

＊ 該当する補助簿が1つもない取引となるので、「該当なし」の欄に○印を付ける。

ア	イ	ウ	エ	オ	カ
⑮	⑪	②	⑩	⑦	④

！ここに注意

4．有形固定資産の機能を維持・回復させる部分は「収益的支出」となります。

5．期首と期末の資本の金額を比較することによって当期純利益（または当期純損失）を求める計算方法を「財産法」といいます。

予想配点 1つにつき2点。合計12点。

解説

語群選択の問題です。語句を記入するのではなく、①〜⑱の番号で答えるので注意しましょう。語句を記入した文章は次のとおりになります。

1．前期以前に貸倒れとして処理した売掛金について、当期にその一部を回収したときは、その回収金額を収益勘定である（ア**償却債権取立益**）勘定で処理する。

2．株式会社が繰越利益剰余金を財源として配当を行ったときは、会社法で定められた上限額に達するまでは一定額を（イ**利益準備金**）として積み立てなければならない。

3．主要簿は、仕訳帳と（ウ**総勘定元帳**）のことである。

4．すでに取得済みの有形固定資産の修理、改良などのために支出した金額のうち、その有形固定資産の使用可能期間を延長または価値を増加させる部分を（エ**資本的**）支出という。

5．当期中に生じた収益合計から費用合計を差し引いて当期純利益（または当期純損失）を求める計算方法を（オ**損益法**）という。

6．仕訳の内容を勘定口座に記入する手続きを（カ**転記**）という。

解答 ▶ **第5回 語群選択②（第145回第4問改題）** ➡ 問題22ページ

①	②	③	④
イ	エ	ク	ア

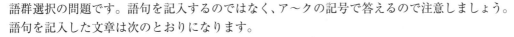
ここに注意

予想配点 | 1つにつき2点。合計8点。

- 建物の機能の回復や維持のため →「修繕費」
- 建物の機能が向上して価値が増加 →「建物」

ヨコ解き
解 答

第1問

第2問
(1)

第2問
(2)

第3問

解説

　語群選択の問題です。語句を記入するのではなく、ア～クの記号で答えるので注意しましょう。語句を記入した文章は次のとおりになります。

1．すでに事業で使用している自動車にかかる自動車税を納付した場合の仕訳の借方は（①**租税公課**）勘定を用いる。それに対し、従業員の給料から源泉徴収していた所得税を納付した場合は（②**所得税預り金**）勘定を用いる。

2．建物の機能の回復や維持のために修繕を行った場合の仕訳の借方は（③**修 繕 費**）勘定を用いるが、修繕により機能が向上して価値が増加した場合は（④**建　　物**）勘定を用いる。

（ア）	300,000	（イ）	受取手形	（ウ）	売　上
（エ）	記入なし	（オ）	仮払金		

！ここに注意

・すでに記入されている金額に着目する。
・使用しない伝票の解答欄には「記入なし」と答える。

予想配点　1つにつき2点。合計10点。

解説

取引の仕訳を考え、適切な勘定科目または金額を答えます。

(1)
取引の仕訳

（受 取 手 形）100,000 （売　　　　上）400,000
（現　　　　金）300,000

振替伝票の借方および貸方の金額が¥100,000と記入されているため、**取引を分解して起票する方法**を用いていると判断できます。

①約束手形の受取りによる売上げ
（受 取 手 形）100,000 （売　　　　上）100,000

振 替 伝 票			
借 方 科 目	金 額	貸 方 科 目	金 額
イ 受取手形	100,000	ウ 売　上	100,000

②現金（得意先振出しの小切手）による売上げ
（現　　　　金）300,000 （売　　　　上）300,000

入 金 伝 票	
科　　目	金 額
売　　上	ア 300,000

(2)
取引の仕訳

（旅費交通費）　4,000 （仮 払 金）　4,000

振 替 伝 票			
借 方 科 目	金 額	貸 方 科 目	金 額
旅費交通費	4,000	オ 仮払金	4,000

現金の増減がないため、出金伝票には記入しません。

出 金 伝 票	
科　　目	金 額
エ 記入なし	

解答 ▶ 第7回 伝票会計② ➡ 問題24ページ

①	売 掛 金	②	売 上	③	記入なし
④	305,000	⑤	当座預金		

ここに注意

・使用しない伝票の解答欄には「記入なし」と答える

予想配点 1つにつき2点。合計10点。

ヨコ解き
解 答

第1問

第2問
(1)

第2問
(2)

第3問

解 説 ▶

取引の仕訳を考え、適切な勘定科目また金額を答えます。

(1)

取引の仕訳

（現　　金）400,000（売　　　上）800,000
（売　掛　金）400,000

振替伝票の貸方の金額が¥800,000と記入されているため、**取引を擬制して起票する方法**を用いていると判断できます。

①いったん、全額を掛けで売り上げて、

（売　掛　金）800,000（売　　　　上）800,000

振　替　伝　票			
借方科目	金　額	貸方科目	金　額
売　掛　金	800,000	②**売　　上**	800,000

②すぐに掛代金の一部を受け取ったと考えます。

（現　　金）400,000（売　掛　金）400,000

入　金　伝　票	
科　　目	金　額
①**売　掛　金**	400,000

(2)

取引の仕訳

（備　　品）305,000（当座預金）305,000

振替伝票のみの記入になるため、出金伝票は「記入なし」となります。

振　替　伝　票			
借方科目	金　額	貸方科目	金　額
備　　品	④**305,000**	⑤**当座預金**	305,000

出　金　伝　票	
科　　目	金　額
	③**記入なし**

×8年		仕		訳		
		借 方 科 目	金 額	貸 方 科 目		金 額
2	5	仕　　　入	203,000	現　　　　　金		3,000
				買　掛　金		200,000
	14	現　　　金	400,000	売　　　　　上		400,000
	25	買　掛　金	52,000	現　　　　　金		2,000
				仕　　　　　入		50,000
	28	現　　　金	1,000	現 金 過 不 足		1,000

ここに注意

- 同じ日付の取引に着目して取引を推定する。
- 運賃の負担関係に注意する。
- 現金出納帳の収入欄の金額を推定し、当月末の現金の帳簿残高を計算する。
- 「帳簿残高＜実際有高」の場合、現金が過剰である。

予想配点　仕訳1組につき2点。合計8点。

解説 ▶

　本問は帳簿記録から取引を読み取り、仕訳をすることが問われています。取引の中には複数の帳簿に記録されているものもあります（同じ日付の取引が該当します）。解く手順としては、同じ日付の取引を帳簿ごとに仕訳をして、これらの仕訳をまとめるとよいでしょう。

5日

　現金出納帳と買掛金元帳より、「商品を掛けで仕入れ、引取運賃は現金で支払った。」と判断できます。

　（借）仕　　　　　入　　203,000　　（貸）現　　　　　金　　　3,000
　　　　　　　　　　　　　　　　　　　　　買　　掛　　金　　200,000

14日

　売上帳より、「商品を売り上げ、代金は現金で受け取った。」と判断できます。

　（借）現　　　　　金　　400,000　　（貸）売　　　　　上　　400,000

　なお、売上帳より、現金出納帳の14日の収入欄は「400,000」と推定することができ、当月末の現金の帳簿残高は¥325,000（＝¥277,000＋¥400,000－¥350,000－¥2,000）と判明します。

25日

　現金出納帳と買掛金元帳より、「掛けで仕入れた商品を返品した。先方負担の運賃を現金で支払い、掛代金から差し引くことにした。」と判断できます。

　（借）買　　掛　　金　　52,000　　（貸）現　　　　　金　　　2,000
　　　　　　　　　　　　　　　　　　　　　仕　　　　　入　　50,000

28日

　「帳簿残高¥325,000＜実際有高¥326,000」となるため、**現金が過剰**となっています。**実際有高**に合わせるため、「現金」を借方に計上し、相手勘定科目として「現金過不足」を貸方に計上します。

　（借）現　　　　　金　　　1,000　　（貸）現 金 過 不 足　　　1,000

memo

第3問【解答・解説】

解答 ▶ 第1回　B/S、P/L作成①（第152回第5問改題）　➡ 問題26ページ

貸 借 対 照 表

×2年3月31日　　　　　　　　　　　　　（単位：円）

現　　　　　金	（　179,000）	買　掛　金	（　543,000）
当 座 預 金	（　609,500）	借　入　金	（　400,000）
売　掛　金	（　455,000）	（未 払）消 費 税	（　250,000）
貸倒引当金	（△　9,100）（　445,900）	未 払 費 用	（　8,000）
商　　　品	（　174,000）	資　本　金	（　2,000,000）
（前 払）費 用	（　25,000）	繰越利益剰余金	（　1,607,400）
備　　　品	（　1,200,000）		
減価償却累計額	（△　525,000）（　675,000）		
土　　　地	（　2,700,000）		
	（　4,808,400）		（　4,808,400）

損 益 計 算 書

×1年4月1日から×2年3月31日まで　　　　　（単位：円）

売 上 原 価	（　3,026,000）	売 上 高	（　5,500,000）
給　　料	（　1,800,000）		
貸倒引当金繰入	（　8,800）		
減 価 償 却 費	（　150,000）		
支 払 家 賃	（　275,000）		
水 道 光 熱 費	（　44,500）		
通 信 費	（　64,100）		
保 険 料	（　24,000）		
雑 （損）	（　1,900）		
支 払 利 息	（　20,000）		
当期純（利 益）	（　85,700）		
	（　5,500,000）		（　5,500,000）

予想配点 ▨ 1つにつき3点。
▢ 1つにつき2点。合計35点。

72

解 説

1. 問題を解くための準備

損益計算書と貸借対照表には、**表示科目**で記載することになります。経過勘定項目など、**勘定科目と表示科目が異なる**ものを記載するときは注意しましょう。

解答の流れ

(1)決算整理前残高試算表の金額に、(2)決算整理事項等で処理した金額を加減して、損益計算書と貸借対照表に記入していきます。

解き方

(2)決算整理事項等の処理を行い、これ以上、**金額の増減**がないと判断できたら、決算整理前残高試算表の金額に加減して、答案用紙に記入していきましょう。

2. 決算整理事項等の処理

1. 現金過不足

先に通信費の記帳漏れの処理を行ってから、実際有高と帳簿残高を比較します。

| (通 信 費) | 2,100 | (現 金) | 2,100 |

帳簿残高：¥183,000 − ¥2,100 ＝ ¥180,900

実際有高：¥179,000

帳簿残高＞実際有高なので、差額を「雑損」として処理します。

雑損：¥180,900 − ¥179,000 ＝ ¥1,900

| (雑 損) | 1,900 | (現 金) | 1,900 |

損益計算書

通信費：¥62,000 ＋ ¥2,100 ＝ ¥64,100

雑(**損**)：¥1,900

貸借対照表

現金：¥183,000 − ¥2,100 − ¥1,900
　　　＝ ¥179,000

2. 誤処理の訂正

¥36,000（＝ ¥62,000 − ¥26,000）少なく計上されているため、追加計上します

| (当 座 預 金) | 36,000 | (売 掛 金) | 36,000 |

貸借対照表

売掛金：¥491,000 − ¥36,000 ＝ ¥455,000

3. 未処理事項の計上

| (水 道 光 熱 費) | 3,500 | (当 座 預 金) | 3,500 |

損益計算書

水道光熱費：¥41,000 ＋ ¥3,500 ＝ ¥44,500

貸借対照表

当座預金：¥577,000 ＋ ¥36,000 − ¥3,500
　　　　＝ ¥609,500

4. 貸倒引当金の設定（差額補充法）

設定額
　　¥455,000 × 2 ％ ＝ ¥9,100

繰入額
　　¥9,100 − ¥300 ＝ ¥8,800

| (貸倒引当金繰入) | 8,800 | (貸倒引当金) | 8,800 |

損益計算書

貸倒引当金繰入：¥8,800

貸借対照表

貸倒引当金：¥300 ＋ ¥8,800 ＝ ¥9,100

5. 売上原価の算定

ボックス図を作成し、貸借差額により売上原価を計算します（仕入勘定で売上原価を算定すると仮定）。

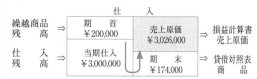

| (仕 入) | 200,000 | (繰 越 商 品) | 200,000 |
| (繰 越 商 品) | 174,000 | (仕 入) | 174,000 |

損益計算書

売上原価：¥200,000 ＋ ¥3,000,000 − ¥174,000
　　　　＝ ¥3,026,000

貸借対照表

商品：¥174,000

！ここに注意

・売上原価
　＝期首商品棚卸高＋当期商品仕入高−期末商品棚卸高

6．減価償却

¥1,200,000 ÷ 8 年 = ¥150,000

（減価償却費）150,000　（備品減価償却累計額）150,000

損益計算書

減価償却費：¥150,000

貸借対照表

減価償却累計額：¥375,000 + ¥150,000

= ¥525,000

7．消費税の処理（税抜方式）

仮受消費税と仮払消費税との差額を「未払消費税」で処理します。

未払消費税：¥550,000 − ¥300,000
　　　　　　　仮受消費税　　仮払消費税

= ¥250,000

（仮受消費税）550,000　（仮払消費税）300,000
　　　　　　　　　　　　（未払消費税）250,000

貸借対照表

（未払）消費税：¥250,000

8．利息の未払計上

×1年12月から×2年3月までの4か月分の利息を未払計上します。

未払利息：$¥400,000 × 6\% × \dfrac{4か月}{12か月}$

= ¥8,000

（支　払　利　息）　8,000　（未　払　利　息）　8,000

損益計算書

支払利息：¥12,000 + ¥8,000 = ¥20,000

貸借対照表

未払費用：¥8,000

に注意

・未払利息は、「未払費用」として貸借対照表に記載します。

9．家賃の前払計上

×1年11月1日に向こう6か月分を支払っているので、1か月分（4月分）を前払計上します。

$¥150,000 × \dfrac{1か月}{6か月} = ¥25,000$

（前　払　家　賃）25,000　（支　払　家　賃）25,000

損益計算書

支払家賃：¥300,000 − ¥25,000 = ¥275,000

貸借対照表

（前払）費用：¥25,000

に注意

・前払家賃は、「前払費用」として貸借対照表に記載します。

決算整理事項等の処理において、金額の増減がなかった項目については、決算整理前残高試算表の金額を損益計算書または貸借対照表に記載します。

3．当期純利益の計算

損益計算書の貸借差額が当期純利益となります。

損益計算書：¥5,500,000 − ¥5,414,300
　　　　　　　収益合計　　　費用合計

= ¥85,700

損益計算書

当期純（利益）：¥85,700

4．当期純利益の振替え

当期純利益（純損失）は、繰越利益剰余金勘定に振り替えます。

（損　　　　益）85,700　（繰越利益剰余金）85,700

貸借対照表

繰越利益剰余金：¥1,521,700 + ¥85,700

= ¥1,607,400

貸 借 対 照 表　　　　　　　　　　（単位：円）

現　　　　金	310,000	買　掛　金	630,000
普 通 預 金	（　550,000）	（未　払）消費税	（　351,000）
売　掛　金（　700,000）		未払法人税等	（　200,000）
貸倒引当金（△　7,000）（　693,000）		（未　払）費　用	（　10,000）
商　　　　品	（　400,000）	借　入　金	（　1,500,000）
（前　払）費　用	（　40,000）	預　り　金	（　18,000）
建　　　　物（　2,200,000）		資　本　金	（　3,000,000）
減価償却累計額（△　300,000）（　1,900,000）		繰越利益剰余金	（　384,001）
備　　　　品（　600,000）			
減価償却累計額（△　399,999）（　200,001）			
土　　　　地	2,000,000		
	（　6,093,001）		（　6,093,001）

ヨコ解き
解　答

第1問

第2問
（1）

第2問
（2）

第3問

損 益 計 算 書　　　　　　　　　　（単位：円）

売 上 原 価	（　6,540,000）	売　上　高	（　10,010,000）
給　　　料	（　2,200,000）		
法 定 福 利 費	（　210,000）		
支 払 手 数 料	（　60,600）		
租 税 公 課	（　150,000）		
貸倒引当金繰入	（　4,000）		
減 価 償 却 費	（　200,000）		
支 払 利 息	（　60,000）		
その他費用	250,000		
法 人 税 等	（　200,000）		
当 期 純 利 益	（　135,400）		
	（　10,010,000）		（　10,010,000）

予想配点　■■■ 1つにつき3点。
　　　　　□ 1つにつき2点。合計35点。

解説 ▶

1. 問題を解くための準備

　損益計算書と貸借対照表には、**表示科目**で記載することになります。経過勘定項目など、**勘定科目と表示科目が異なる**ものを記載するときは注意しましょう。

　解答の流れ

　(1)決算整理前残高試算表の金額に、(2)決算整理事項等で処理した金額を加減して、損益計算書と貸借対照表に記入していきます。

　解き方

　(2)決算整理事項等の処理を行い、これ以上、**金額の増減がない**と判断できたら、決算整理前残高試算表の金額に加減して、答案用紙に記入していきましょう。

2. 決算整理事項等の処理

1. 仮受金の処理

振込額と売掛金の差額は、当社負担の振込手数料なので、「支払手数料」で処理します。

$$\underset{\text{売掛金}}{¥70,000} - \underset{\text{振込額}}{¥69,400} = ¥600$$

（仮　受　金）69,400　（売　掛　金）70,000
（支払手数料）　　600

損益計算書

支払手数料：¥60,000 ＋ ¥600 ＝ **¥60,600**

貸借対照表

売掛金：¥770,000 － ¥70,000 ＝ **¥700,000**

2. 貸倒引当金の設定（差額補充法）

売掛金の期末残高が変動していることに注意しましょう。

設定額
　　¥700,000 × 1 ％ ＝ ¥7,000
繰入額
　　¥7,000 － ¥3,000 ＝ ¥4,000

（貸倒引当金繰入）　4,000　（貸倒引当金）　4,000

損益計算書

貸倒引当金繰入：**¥4,000**

貸借対照表

貸倒引当金：¥3,000 ＋ ¥4,000 ＝ **¥7,000**

3. 売上原価の算定

ボックス図を作成し、貸借差額により売上原価を計算します（仕入勘定で売上原価を算定すると仮定）。

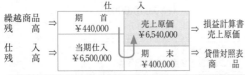

（仕　　　　　入）440,000　（繰 越 商 品）440,000
（繰 越 商 品）400,000　（仕　　　　　入）400,000

損益計算書

売上原価：¥440,000 ＋ ¥6,500,000 － ¥400,000
　　　　　＝ **¥6,540,000**

貸借対照表

商品：**¥400,000**

！ここに注意

・売上原価
　＝期首商品棚卸高＋当期商品仕入高－期末商品棚卸高

4. 減価償却

備品の全額に対して、減価償却を行わないように注意しましょう。

建物：¥2,200,000 ÷ 22年 ＝ ¥100,000
備品：¥　400,000 ÷ 4 年 ＝ ¥100,000

（減価償却費）200,000　（建物減価償却累計額）100,000
　　　　　　　　　　　　（備品減価償却累計額）100,000

損益計算書

減価償却費：**¥200,000**

貸借対照表

減価償却累計額（建物）：¥200,000 ＋ ¥100,000
　　　　　　　　　　　　＝ **¥300,000**

減価償却累計額（備品）：¥299,999 ＋ ¥100,000
　　　　　　　　　　　　＝ **¥399,999**

5. 消費税の処理

仮受消費税と仮払消費税との差額を「未払消費税」で処理します。

$$\text{未払消費税}：\underset{\text{仮受消費税}}{¥1,001,000} - \underset{\text{仮払消費税}}{¥650,000} = ¥351,000$$

（仮受消費税）1,001,000　（仮払消費税）　650,000
　　　　　　　　　　　　　（未払消費税）　351,000

貸借対照表

（未払）消費税：**¥351,000**

6. 社会保険料の未払計上

当社負担分なので、「法定福利費」の未払計上となります。

（法定福利費）　10,000　（未払法定福利費）　10,000

損益計算書

法定福利費：¥200,000 ＋ ¥10,000 ＝ **¥210,000**

貸借対照表

（未払）費用：**¥10,000**

！ここに注意

・未払法定福利費は、「未払費用」として貸借対照表に記載します。

7．利息の前払計上

借入時に1年分の利息を計上しています。

¥1,500,000 × 4％ = ¥60,000（1年分の利息）

処理済

（現 金 な ど）1,440,000　（借 入 金）1,500,000
（支 払 利 息）　 60,000

そのため、次期の費用となる4月から11月までの8か月分の利息を前払計上します。

前払利息：$¥60,000 × \dfrac{8か月}{12か月} = ¥40,000$

（前 払 利 息）40,000　（支 払 利 息）40,000

損益計算書

支払利息：¥100,000 − ¥40,000 = ¥60,000

貸借対照表

（前払）費用：¥40,000

！ここに注意

・前払利息は、「前払費用」として貸借対照表に記載します。

8．未払法人税等の計上

当期の法人税等の金額を納付するまで「未払法人税等」で処理します。

（法 人 税 等）200,000　（未払法人税等）200,000

損益計算書

法人税等：¥200,000

貸借対照表

未払法人税等：¥200,000

決算整理事項等の処理において、金額の増減がなかった項目については、決算整理前残高試算表の金額を損益計算書または貸借対照表に記載します。

3．当期純利益の計算

損益計算書の貸借差額が当期純利益となります。

損益計算書：$\underset{\text{収益合計}}{¥10,010,000} - \underset{\text{費用合計}}{¥9,874,600}$

= ¥135,400

損益計算書

当期純利益：¥135,400

4．当期純利益の振替え

当期純利益（純損失）は、繰越利益剰余金勘定に振り替えます。

（損 益）135,400　（繰越利益剰余金）135,400

貸借対照表

繰越利益剰余金：¥248,601 + ¥135,400

= ¥384,001

ヨコ解き
解　答

第1問

第2問
（1）

第2問
（2）

第3問

貸借対照表

×2年3月31日　　　　　　　　　　　　（単位：円）

現　　　　　金	194,500	買　掛　金	813,000
普　通　預　金	1,034,000	前　受　収　益	（　33,000）
売　掛　金（　500,000）		（未払）消費税	（　185,500）
貸倒引当金（△　10,000）（　490,000）		未払法人税等	（　98,000）
商　　　　　品 （　235,000）		資　本　金	3,500,000
前　払　費　用 （　12,000）		繰越利益剰余金	（　1,386,000）
建　　　　　物（　3,000,000）			
減価償却累計額（△1,300,000）（　1,700,000）			
備　　　　　品（　600,000）			
減価償却累計額（△　50,000）（　550,000）			
土　　　　　地	1,800,000		
	（　6,015,500）		（　6,015,500）

損益計算書

×1年4月1日から×2年3月31日まで　　　　（単位：円）

売　上　原　価	（　1,998,000）	売　上　高	3,890,000
給　　　　料	（　760,000）	受取手数料	（　3,000）
水　道　光　熱　費	（　162,000）		
保　　険　　料	（　36,000）		
通　　信　　費	（　32,000）		
貸倒引当金繰入	（　6,000）		
減　価　償　却　費	（　150,000）		
雑（　損　）	（　1,000）		
固定資産売却損	（　90,000）		
法人税、住民税及び事業税	（　198,000）		
当期純（利益）	（　460,000）		
	（　3,893,000）		（　3,893,000）

予想配点　■■■ 1つにつき3点。
　　　　　□ 1つにつき2点。合計35点。

解説

1．問題を解くための準備

　損益計算書と貸借対照表には、**表示科目**で記載します。経過勘定項目など、**勘定科目と表示科目が異なる**ものを記載するときには注意しましょう。

　解答の流れ

　[資料1]決算整理前残高試算表の金額に、[資料2]決算整理事項等で処理した金額を加減して、損益計算書と貸借対照表に記入していきます。

解き方

[資料2]決算整理事項等の処理を行い、これ以上、**金額の増減がないと判断できたら**、決算整理前残高試算表の金額に加減して、答案用紙に記入していきましょう。

2. 決算整理事項等の処理

1. 現金過不足

現金過不足を借方に計上しているということは、現金が不足している状態です。決算時に内容不明の金額は「雑損」として処理します。

雑損：¥3,000－¥2,000＝¥1,000

| （通　信　費） | 2,000 | （現金過不足） | 3,000 |
| （雑　　　損） | 1,000 | | |

損益計算書

通信費：¥30,000＋¥2,000＝¥32,000

雑（損）：¥1,000

2. 仮受金

売掛金が減少するため、貸倒引当金の設定に注意しましょう。

| （仮　受　金） | 68,000 | （売　掛　金） | 68,000 |

貸借対照表

売掛金：¥568,000－¥68,000＝¥500,000

3. 誤処理の訂正

減価償却累計額¥700,000の減少の処理を行い、その分、固定資産売却損を取り消します。

| （車両運搬具減価償却累計額） | 700,000 | （固定資産売却損） | 700,000 |

損益計算書

固定資産売却損：¥790,000－¥700,000
　　　　　　　　＝¥90,000

4. 貸倒引当金の設定（差額補充法）

設定額
　¥500,000×2％＝¥10,000

繰入額
　¥10,000－¥4,000＝¥6,000

| （貸倒引当金繰入） | 6,000 | （貸倒引当金） | 6,000 |

損益計算書

貸倒引当金繰入：¥6,000

貸借対照表

貸倒引当金：¥4,000＋¥6,000＝¥10,000

5. 消費税の処理

決算において、「仮受消費税」と「仮払消費税」との差額を「未払消費税」で処理します。

未払消費税：¥389,000－¥203,500
　　　　　　＝¥185,500

| （仮受消費税） | 389,000 | （仮払消費税） | 203,500 |
| | | （未払消費税） | 185,500 |

貸借対照表

（未払）消費税：¥185,500

6. 売上原価の算定

ボックス図を作成し、貸借差額により売上原価を計算します（仕入勘定で売上原価を算定すると仮定）。

| （仕　　　　入） | 198,000 | （繰 越 商 品） | 198,000 |
| （繰 越 商 品） | 235,000 | （仕　　　　入） | 235,000 |

損益計算書

売上原価：¥198,000＋¥2,035,000－¥235,000
　　　　　　＝¥1,998,000

貸借対照表

商品：¥235,000

> **！ここに注意**
>
> ・売上原価
> 　＝期首商品棚卸高＋当期商品仕入高－期末商品棚卸高

7. 減価償却

備品は全額当期の11月1日に購入したものなので、5か月分（11月～翌年3月）の減価償却費を計上します。

建物
　¥3,000,000÷30年＝¥100,000

備品
　$¥600,000 ÷ 5年 × \dfrac{5か月}{12か月} = ¥50,000$

| （減価償却費） | 150,000 | （建物減価償却累計額） | 100,000 |
| | | （備品減価償却累計額） | 50,000 |

損益計算書

減価償却費：¥150,000

貸借対照表

減価償却累計額（建物）：¥1,200,000＋¥100,000
= ¥1,300,000

減価償却累計額（備品）：¥50,000

8．保険料の前払計上

保険料¥12,000を前払計上します。

（前払保険料）12,000 （保　険　料）12,000

損益計算書

保険料：¥48,000－¥12,000＝¥36,000

貸借対照表

前払費用：¥12,000

> ここに注意
>
> ・前払保険料は、「前払費用」として貸借対照表に記載します。

9．手数料の前受計上

全額当期の3月1日に向こう1年分の手数料を受け取っているので、11か月分が前受けとなります。

前受手数料：$¥36,000 \times \dfrac{11か月}{12か月} = ¥33,000$

（受取手数料）33,000 （前受手数料）33,000

損益計算書

受取手数料：¥36,000－¥33,000＝¥3,000

貸借対照表

前受収益：¥33,000

> ここに注意
>
> ・前受手数料は、「前受収益」として貸借対照表に記載します。

10．法人税等

法人税、住民税及び事業税と仮払法人税等との差額を「未払法人税等」として計上します。

未払法人税等：¥198,000－¥100,000
= ¥98,000

（法人税、住民税及び事業税）198,000 （仮払法人税等）100,000
（未払法人税等）98,000

損益計算書

法人税、住民税及び事業税：¥198,000

貸借対照表

未払法人税等：¥98,000

決算整理事項等の処理において、金額の増減がなかった項目については、決算整理前残高試算表の金額を損益計算書または貸借対照表に記載します。

3．当期純利益の計算

損益計算書の貸借差額が当期純利益（または純損失）となります。

損益計算書：$\underset{\text{収益合計}}{¥3,893,000} - \underset{\text{費用合計}}{¥3,433,000}$

= ¥460,000

損益計算書

当期純（利益）：¥460,000

4．当期純利益の振替

当期純利益（純損失）は繰越利益剰余金勘定に振り替えます。したがって、貸借対照表の繰越利益剰余金は、決算整理前残高試算表の金額に当期純利益（または当期純損失）の金額を加減した金額となります。

（損　　　　益）460,000 （繰越利益剰余金）460,000

貸借対照表

繰越利益剰余金：¥926,000＋¥460,000
= ¥1,386,000

解 答 ▶ 第4回 後T／B作成①（第149回第5問改題） → 問題29ページ

問1

決算整理後残高試算表

借　　方	勘　定　科　目	貸　　方
102,700	現　　　　　　金	
520,000	普　通　預　金	
360,000	売　　掛　　金	
203,000	繰　越　商　品	
2,120,000	備　　　　　品	
1,000,000	土　　　　　地	
	買　　掛　　金	210,000
	借　　入　　金	200,000
	（**未　　払**）消　費　税	180,000
	未　払　法　人　税　等	36,000
	（**未　　払**）利　　息	3,500
	（**前　　受**）手　数　料	30,000
	貸　倒　引　当　金	7,200
	備品減価償却累計額	755,000
	資　　本　　金	2,000,000
	繰　越　利　益　剰　余　金	800,000
	売　　　　　上	4,000,000
	受　取　手　数　料	785,000
2,177,000	仕　　　　　入	
1,900,000	給　　　　　料	
230,800	通　　信　　費	
90,000	支　払　家　賃	
1,500	保　　険　　料	
3,500	支　払　利　息	
200	雑　　（　**損**　）	
7,000	貸　倒　引　当　金　繰　入	
255,000	減　価　償　却　費	
36,000	法人税、住民税及び事業税	
9,006,700		9,006,700

問2 当期純（ **利　益** ）¥ 　　84,000

予想配点 ▨ 1つにつき3点。
□ 1つにつき2点。合計35点。

ヨコ解き
解　答

第1問

第2問
(1)

第2問
(2)

第3問

1. 問題を解くための準備

解答の流れ

(1)決算整理前残高試算表の金額に、(2)決算整理事項等で処理した金額を加減して、決算整理後残高試算表に記入していきます。

解き方

(2)決算整理事項等の処理を行い、これ以上、**金額の増減がない**と判断できたら、決算整理前残高試算表の金額に加減して、答案用紙に記入していきましょう。

2. 決算整理事項等の処理

1. 現金過不足

現金過不足を借方に計上しているということは、現金が不足している状態です。決算時に内容不明の金額は「雑損」として処理します。

雑損：¥1,000 − ¥800 = ¥200

| (通 信 費) | 800 | (現金過不足) | 1,000 |
| (雑 損) | 200 | | |

通信費：¥230,000 + ¥800 = ¥230,800

雑(損)：¥200

2. 誤処理の訂正

正しくは、売掛金の回収なので、「前受金」を取り消し「売掛金」の減少として処理します。

| (前 受 金) | 20,000 | (売 掛 金) | 20,000 |

売掛金：¥380,000 − ¥20,000 = ¥360,000

3. 仮払金

備品の購入代金なので、「備品」に振り替えます。なお、12月1日に購入しているので、減価償却費を月割(4か月分)により計算することになります。

| (備 品) | 120,000 | (仮 払 金) | 120,000 |

備品：¥2,000,000 + ¥120,000 = ¥2,120,000

4. 貸倒引当金の設定(差額補充法)

設定額

¥360,000 × 2% = ¥7,200

繰入額

¥7,200 − ¥200 = ¥7,000

| (貸倒引当金繰入) | 7,000 | (貸倒引当金) | 7,000 |

貸倒引当金：¥200 + ¥7,000 = ¥7,200

貸倒引当金繰入：¥7,000

5. 売上原価の算定

ボックス図を作成し、貸借差額により売上原価を計算します(仕入勘定で売上原価を算定)。

| (仕 入) | 180,000 | (繰 越 商 品) | 180,000 |
| (繰 越 商 品) | 203,000 | (仕 入) | 203,000 |

繰越商品：¥203,000

仕入：¥180,000 + ¥2,200,000 − ¥203,000
= ¥2,177,000

ここに注意

・売上原価
=期首商品棚卸高+当期商品仕入高−期末商品棚卸高

---

6. 減価償却

既存分

¥2,000,000 ÷ 8年 = ¥250,000

新規分

$$¥120,000 ÷ 8年 × \frac{4か月}{12か月} = ¥5,000$$

合 計

¥250,000 + ¥5,000 = ¥255,000

| (減価償却費) | 255,000 | (備品減価償却累計額) | 255,000 |

備品減価償却累計額：¥500,000 + ¥255,000
= ¥755,000

減価償却費：¥255,000

7．手数料の前受け

5月1日に向こう1年間の手数料を受け取っているので、1か月分が前受けとなります。

（受取手数料）30,000（前受手数料）30,000

受取手数料：¥815,000 − ¥30,000 = ¥785,000

（前受）手数料：¥30,000

8．利息の未払計上

9月1日に借り入れているので、7か月分の利息を未払計上します。

$¥200,000 × 3\% × \dfrac{7か月}{12か月} = ¥3,500$

（支 払 利 息）3,500（未 払 利 息）3,500

支払利息：¥3,500

（未払）利息：¥3,500

9．消費税の処理

仮受消費税と仮払消費税との差額を「未払消費税」で処理します。

未払消費税：¥400,000 − ¥220,000
　　　　　　　仮受消費税　　仮払消費税

= ¥180,000

（仮受消費税）400,000（仮払消費税）220,000
　　　　　　　　　　　　（未払消費税）180,000

（未払）消費税：¥180,000

10．未払法人税等の計上

中間納付をしていないので、法人税、住民税及び事業税の金額は¥36,000となります。

（法人税、住民税及び事業税）36,000（未払法人税等）36,000

未払法人税等：¥36,000

法人税、住民税及び事業税：¥36,000

決算整理事項等の処理において、金額の増減がなかった項目については、決算整理前残高試算表の金額を決算整理後残高試算表に記載します。

ヨコ解き
解　答

第1問

第2問
（1）

第2問
（2）

第3問

3．当期純損益の計算

決算整理後残高試算表の収益と費用（売上勘定以下の勘定科目）から当期純損益を計算します。本解説では、損益勘定を作成して計算します。

当期純損益：¥4,785,000 − ¥4,701,000 = ¥84,000（純利益）
　　　　　　　収益合計　　　費用合計

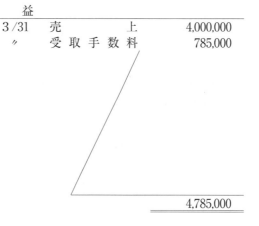

	損		益	
3/31 仕　　　　　入		2,177,000	3/31 売　　　　　上	4,000,000
〃 給　　　　料		1,900,000	〃 受 取 手 数 料	785,000
〃 通 信 費		230,800		
〃 支 払 家 賃		90,000		
〃 保 険 料		1,500		
〃 支 払 利 息		3,500		
〃 雑 損		200		
〃 貸倒引当金繰入		7,000		
〃 減 価 償 却 費		255,000		
〃 法人税、住民税及び事業税		36,000		
〃 繰越利益剰余金		84,000		
		4,785,000		4,785,000

問1

決算整理後残高試算表

借　　方	勘 定 科 目	貸　　方
126,000	現　　　　　　　金	
763,000	当 座 預 金	
470,000	電 子 記 録 債 権	
330,000	売 　 掛 　 金	
285,000	繰 越 商 品	
300,000	貸 　 付 　 金	
480,000	備 　 　 品	
	電 子 記 録 債 務	430,000
	買 　 掛 　 金	335,000
	貸 倒 引 当 金	24,000
	備品減価償却累計額	245,000
	資 　 本 　 金	900,000
	繰 越 利 益 剰 余 金	534,400
	売 　 　 上	4,160,000
	受 取 手 数 料	13,600
3,057,000	仕 　 　 入	
304,000	給 　 　 料	
360,000	支 払 家 賃	
38,000	通 　 信 　 費	
14,000	水 道 光 熱 費	
2,000	雑 　 （ 損 　 ）	
16,000	貸 倒 引 当 金 繰 入	
5,000	貯 　 蔵 　 品	
65,000	減 価 償 却 費	
90,000	（ 前 払 ） 家 賃	
2,400	（ 未 収 ） 利 息	
	受 取 利 息	2,400
	（ 未 払 ） 消 費 税	108,000
	未 払 法 人 税 等	51,000
96,000	法人税、住民税及び事業税	
6,803,400		6,803,400

問2 ¥ 224,000

予想配点　□1つにつき3点。　□1つにつき2点。　合計35点。

84

1. 問題を解くための準備

解答の流れ

(1)決算整理前残高試算表の金額に、(2)決算整理事項等で処理した金額を加減して、決算整理後残高試算表に記入していきます。

解き方

(2)決算整理事項等の処理を行い、これ以上、**金額の増減がない**と判断できたら、決算整理前残高試算表の金額に加減して、答案用紙に記入していきましょう。また、本問では、決算整理仕訳で新たに使用する勘定科目を、すべて下の方に記入するようになっているので、当期純利益を計算するときには、収益と費用の科目を正しく選んで計算する必要があります。

ヨコ解き
解答

第1問

第2問
(1)

第2問
(2)

第3問

2. 決算整理事項等の処理

1. 現金過不足

決算整理前残高試算表の現金の残高（帳簿残高）は¥128,000、手許有高は¥126,000です。¥2,000不足しているので、雑損として処理します。

| （雑　　損） | 2,000 | （現　　金） | 2,000 |

現金：¥128,000 − ¥2,000 = ¥126,000

雑（損）：¥2,000

2. 仮受金

仮受金は、全額得意先に対する売掛金の回収額と判明したので、「売掛金」を減少させます。貸倒引当金の設定に影響するので注意しましょう。

| （仮　受　金） | 56,000 | （売　掛　金） | 56,000 |

売掛金：¥386,000 − ¥56,000 = ¥330,000

3. 貸倒引当金の設定（差額補充法）

設定額

（¥470,000 + ¥330,000）× 3 % = ¥24,000

電子記録債権　　　売掛金

繰入額

¥24,000 − ¥8,000 = ¥16,000

| （貸倒引当金繰入） | 16,000 | （貸倒引当金） | 16,000 |

貸倒引当金：¥8,000 + ¥16,000 = ¥24,000

貸倒引当金繰入：¥16,000

4. 売上原価の算定

ボックス図を作成し、貸借差額により売上原価を計算します（仕入勘定で売上原価を算定）。

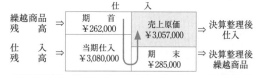

| （仕　　　　　入） | 262,000 | （繰 越 商 品） | 262,000 |
| （繰 越 商 品） | 285,000 | （仕　　　　　入） | 285,000 |

繰越商品：¥285,000

仕入：¥262,000 + ¥3,080,000 − ¥285,000

　　= ¥3,057,000

> **ここに注意**
>
> ・売上原価
> 　＝期首商品棚卸高＋当期商品仕入高−期末商品棚卸高

5. 貯蔵品

決算整理前残高試算表の「通信費」には、期中の切手の購入代金が含まれています。このうちの未使用分を「貯蔵品」に振り替えます。

| （貯 蔵 品） | 5,000 | （通 信 費） | 5,000 |

通信費：¥43,000 − ¥5,000 = ¥38,000

貯蔵品：¥5,000

6. 固定資産の減価償却（定額法）

決算整理前残高試算表の備品の残高のうち、¥120,000については、月割（3か月）により減価償却費を計算します。残額¥360,000（= ¥480,000 − ¥120,000）については、1年分の減価償却費を計上します。

期中取得分

$$¥120,000 \div 6 \text{年} \times \frac{3\text{か月}}{12\text{か月}} = ¥5,000$$

既取得分

$$¥360,000 \div 6 \text{年} = ¥60,000$$

合計：¥5,000 + ¥60,000 = ¥65,000

（減価償却費）65,000 （備品減価償却累計額）65,000

備品減価償却累計額：¥180,000 + ¥65,000

$$= ¥245,000$$

減価償却費：¥65,000

7．支払家賃の前払い

前払額は次期の費用となります。

（前 払 家 賃）90,000 （支 払 家 賃）90,000

支払家賃：¥450,000 − ¥90,000 = ¥360,000

（前払）家賃：¥90,000

8．受取利息の未収計上

12月1日から3月末までの4か月分の利息を未収計上します。

$$¥300,000 \times 2.4\% \times \frac{4\text{か月}}{12\text{か月}} = ¥2,400$$

（未 収 利 息）2,400 （受 取 利 息）2,400

受取利息：¥2,400

（未収）収益：¥2,400

9．消費税の処理

仮受消費税と仮払消費税との差額を「未払消費税」で処理します。

未払消費税：¥416,000 − 308,000
　　　　　　　仮受消費税　仮払消費税

$$= ¥108,000$$

（仮受消費税）416,000 （仮払消費税）308,000
　　　　　　　　　　　　（未払消費税）108,000

（未払）消費税：¥108,000

10．未払法人税等の計上

法人税、住民税及び事業税と仮払法人税等との差額を「未払法人税等」で処理します。

未払法人税等：¥96,000 − ¥45,000
　　　　　　　　法人税等　仮払法人税等

$$= ¥51,000$$

（法人税、住民税及び事業税）96,000 （仮払法人税等）45,000
　　　　　　　　　　　　　　　（未払法人税等）51,000

法人税、住民税及び事業税：¥96,000

未払法人税等：¥51,000

決算整理事項等の処理において、金額の増減がなかった項目については、決算整理前残高試算表の金額を決算整理後残高試算表に記載します。

3．当期純損益の計算

決算整理後残高試算表の収益と費用から当期純損益を計算します（前払家賃や未収利息などを計算に入れないよう注意）。本解説では、損益勘定を作成して計算します。

当期純損益：¥4,176,000 − ¥3,952,000 = ¥224,000（純利益）
　　　　　　　収益合計　　　費用合計

	損		益	
3/31 仕　　　　　入	3,057,000	3/31 売　　　　　上	4,160,000
〃　給　　　　料	304,000	〃　受 取 手 数 料	13,600
〃　支 払 家 賃	360,000	〃　受 取 利 息	2,400
〃　通 信 費	38,000		
〃　水 道 光 熱 費	14,000		
〃　雑　　　　損	2,000		
〃　貸 倒 引 当 金 繰 入	16,000		
〃　減 価 償 却 費	65,000		
〃　法人税、住民税及び事業税	96,000		
〃　繰 越 利 益 剰 余 金	224,000		
	4,176,000		4,176,000

➡ 問題31ページ

解答　第6回　精算表①（第147回第5問改題）

精　算　表

勘 定 科 目	残高試算表 借 方	残高試算表 貸 方	修 正 記 入 借 方	修 正 記 入 貸 方	損益計算書 借 方	損益計算書 貸 方	貸借対照表 借 方	貸借対照表 貸 方
現　　　　金	90,000						90,000	
普 通 預 金	483,000		13,000	38,000			458,000	
売 　掛 　金	270,000			20,000			250,000	
仮 　払 　金	30,000			30,000				
仮 払 消 費 税	256,000			256,000				
仮 払 法 人 税 等	110,000			110,000				
繰 越 商 品	226,000		189,000	226,000			189,000	
建　　　　物	870,000						870,000	
備　　　　品	360,000						360,000	
土　　　　地	900,000						900,000	
買 　掛 　金		198,000	38,000					160,000
前 　受 　金		68,000	20,000					48,000
仮 受 消 費 税		489,000	489,000					
貸 倒 引 当 金		3,000		2,000				5,000
建物減価償却累計額		522,000		29,000				551,000
備品減価償却累計額		180,000		90,000				270,000
資 　本 　金		1,000,000						1,000,000
繰越利益剰余金		235,000						235,000
売　　　　上		4,890,000				4,890,000		
受 取 家 賃		45,000	15,000			30,000		
仕　　　　入	2,560,000		226,000	189,000	2,597,000			
給　　　　料	1,300,000				1,300,000			
通 　信 　費	48,000				48,000			
旅 費 交 通 費	27,000		17,000		44,000			
保 　険 　料	100,000			40,000	60,000			
	7,630,000	7,630,000						
貸倒引当金繰入			2,000		2,000			
減 価 償 却 費			119,000		119,000			
法 人 税 等			225,000		225,000			
（前　払）保険料			40,000				40,000	
前 受 家 賃				15,000				15,000
未 払 消 費 税				233,000				233,000
未 払 法 人 税 等				115,000				115,000
当期純（利　益）					525,000			525,000
			1,393,000	1,393,000	4,920,000	4,920,000	3,157,000	3,157,000

予想配点　1つにつき3点。　1つにつき2点。合計35点。

87

決算整理事項等

1．買掛金の支払い（未記帳）

買掛金の支払いの処理が記帳されていないため、記帳します。

（買　掛　金）38,000（普通預金）38,000

2．仮払金の処理（未記帳）

仮払金は、従業員の出張にともなう旅費交通費の概算額を支払ったものであり、精算の処理が記帳されていないため、記帳します。

（旅費交通費）17,000（仮　払　金）30,000
（普　通　預　金）13,000

3．誤処理の訂正

売掛金の代金を現金で受け取ったさいに、誤って手付金の受取りとして処理していたので、訂正仕訳を行います。

誤った仕訳の逆仕訳
（前　受　金）20,000（現　　　金）20,000
＋
正しい仕訳
（現　　　金）20,000（売　掛　金）20,000
⇩合算、相殺
訂正仕訳
（前　受　金）20,000（売　掛　金）20,000

4．貸倒引当金

売掛金：¥270,000 － ¥20,000 ＝ ¥250,000
　　　　　　　　　　　3.より

設定額：250,000 × 2 ％ ＝ ¥5,000
貸倒引当金の残高：¥3,000
貸倒引当金繰入：¥5,000 － ¥3,000 ＝ ¥2,000
（貸倒引当金繰入）2,000（貸倒引当金）2,000

> **！ここに注意**
>
> ・売掛金の回収により、売掛金の期末残高が修正されていることに注意する。

5．売上原価の算定

売上原価は「仕入」の行で計算します。

（仕　　　入）226,000（繰越商品）226,000
（繰越商品）189,000（仕　　　入）189,000

> **！ここに注意**
>
> ・売上原価
> ＝期首商品棚卸高＋当期商品仕入高－期末商品棚卸高

6．減価償却

建物：¥870,000 ÷ 30年 ＝ ¥29,000
備品：¥360,000 ÷ 4 年 ＝ ¥90,000
減価償却費：¥29,000 ＋ ¥90,000 ＝ ¥119,000
（減価償却費）119,000（建物減価償却累計額）29,000
　　　　　　　　　　　（備品減価償却累計額）90,000

> **！ここに注意**
>
> ・残存価額はゼロです

7．保険料の前払い

保険料のうち¥60,000は、12月1日に1年分を支払ったものなので、未経過分（8か月）を月割計算により前払計上します。

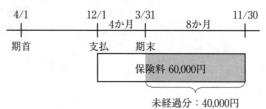

$¥60,000 × \dfrac{8か月}{12か月} ＝ ¥40,000$

（前払保険料）40,000（保　険　料）40,000

8．受取家賃の前受け

3か月分の受取家賃のうち、1か月分は次期の収益となります。

$$¥45,000 × \frac{1か月}{3か月} = ¥15,000$$

（受取家賃）15,000 （前受家賃）15,000

9．消費税の処理

「仮受消費税」と「仮払消費税」との差額を「未払消費税」で処理します。

（仮受消費税）489,000 （仮払消費税）256,000
（未払消費税）233,000

10．法人税等

法人税等と仮払法人税等との差額を「未払法人税等」として計上します。

（法 人 税 等）225,000 （仮払法人税等）110,000
（未払法人税等）115,000

当期純利益の計算

損益計算書欄または貸借対照表欄の貸借差額が当期純利益となります。

損益計算書欄：$\underset{収益合計}{¥4,920,000} - \underset{費用合計}{¥4,395,000}$

$= ¥525,000$

貸借対照表欄：$\underset{資産合計}{¥3,157,000} - \underset{負債・資本合計}{¥2,632,000}$

$= ¥525,000$

ヨコ解き
解 答

第1問

第2問
(1)

第2問
(2)

第3問

精 算 表

勘 定 科 目	残高試算表 借 方	残高試算表 貸 方	修 正 記 入 借 方	修 正 記 入 貸 方	損益計算書 借 方	損益計算書 貸 方	貸借対照表 借 方	貸借対照表 貸 方
現 金	800,000						800,000	
現 金 過 不 足	35,000			35,000				
普 通 預 金	1,664,000		40,000				1,704,000	
当 座 預 金		78,000	78,000					
売 掛 金	590,000			40,000			550,000	
仮 払 消 費 税	296,000			296,000				
仮 払 法 人 税 等	100,000			100,000				
繰 越 商 品	370,000		340,000	370,000			340,000	
貸 付 金	1,000,000						1,000,000	
備 品	1,200,000						1,200,000	
買 掛 金		500,000						500,000
仮 受 金		30,000	30,000					
仮 受 消 費 税		450,000	450,000					
貸 倒 引 当 金		7,000		4,000				11,000
備品減価償却累計額		900,000		150,000				1,050,000
資 本 金		2,000,000						2,000,000
繰 越 利 益 剰 余 金		1,200,000						1,200,000
売 上		4,500,000				4,500,000		
受 取 利 息		15,000		10,000		25,000		
仕 入	2,960,000		370,000	340,000	2,990,000			
給 料	550,000		21,000		571,000			
保 険 料	25,000				25,000			
支 払 家 賃	90,000				90,000			
	9,680,000	9,680,000						
雑 （ 損 ）			5,000		5,000			
当 座 借 越				78,000				78,000
貸 倒 引 当 金 繰 入			4,000		4,000			
減 価 償 却 費			150,000		150,000			
法 人 税 等			207,000		207,000			
（未 収）利 息			10,000				10,000	
（未 払）給 料				21,000				21,000
未 払 消 費 税				154,000				154,000
未 払 法 人 税 等				107,000				107,000
当期純（利 益）					483,000			483,000
			1,705,000	1,705,000	4,525,000	4,525,000	5,604,000	5,604,000

予想配点 ▨ 1つにつき3点。 ☐ 1つにつき2点。合計35点。

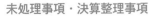

解 説

未処理事項・決算整理事項

1．現金過不足

　現金過不足の金額は、盗難により生じた現金の不足額です。受け取った保険金の額を「仮受金」で処理しているため、現金過不足と仮受金を相殺し、差額を「雑損」として処理します。

　保険金の額：¥30,000

　現金不足：¥35,000

　¥30,000 － ¥35,000 ＝ △¥5,000（損）

　（仮　受　金）30,000　（現金過不足）35,000
　（雑　　　損）5,000

2．売掛金の回収

　売掛金の減少は、貸倒引当金の設定額に影響するので注意しましょう。

　（普通預金）40,000　（売　掛　金）40,000

3．当座借越

　決算時に当座預金勘定が貸方残高（マイナス）となっている場合、「当座借越」または「借入金」などの適切な勘定に振り替えます。本問では、問題文の指示に従い当座借越勘定に振り替えます。

　（当座預金）78,000　（当座借越）78,000

4．貸倒引当金

　売掛金：¥590,000 － ¥40,000 ＝ ¥550,000
　　　　　　　　　　　　2．より

　設定額：550,000 × 2 ％ ＝ ¥11,000
　貸倒引当金の残高：¥7,000
　貸倒引当金繰入：¥11,000 － ¥7,000 ＝ ¥4,000

　（貸倒引当金繰入）4,000　（貸倒引当金）4,000

！ここに注意

・売掛金の回収により、売掛金の期末残高が修正されていることに注意する

5．売上原価の算定

　売上原価は「仕入」の行で計算します。

仕　入

| 繰越商品残高 ⇒ | 期首 ¥370,000 | 売上原価 ¥2,990,000 ⇒ 損益計算書欄 仕入 |
| 仕入残高 ⇒ | 当期仕入 ¥2,960,000 | 期末 ¥340,000 ⇒ 貸借対照表欄 繰越商品 |

　（仕　　　　入）370,000　（繰 越 商 品）370,000
　（繰 越 商 品）340,000　（仕　　　　入）340,000

！ここに注意

・売上原価
　＝期首商品棚卸高＋当期商品仕入高－期末商品棚卸高

6．減価償却

　備品：¥1,200,000 ÷ 8 年 ＝ ¥150,000

　（減価償却費）150,000　（備品減価償却累計額）150,000

！ここに注意

・残存価額はゼロです

7．受取利息の未収計上

　当期の12月1日に貸し付けているので、4か月分の未収利息を計上します。

$$¥1,000,000 × 3 ％ × \frac{4か月}{12か月} = ¥10,000$$

　（未 収 利 息）10,000　（受 取 利 息）10,000

8．給料の未払い

　給料の未払分を未払計上します。

　（給　　　料）21,000　（未 払 給 料）21,000

9．消費税の処理

　「仮受消費税」と「仮払消費税」との差額を「未払消費税」で処理します。

　（仮受消費税）450,000　（仮払消費税）296,000
　　　　　　　　　　　　　（未払消費税）154,000

10．法人税等

　法人税等と仮払法人税等との差額を「未払法人税等」として計上します。

　（法 人 税 等）207,000　（仮払法人税等）100,000
　　　　　　　　　　　　　（未払法人税等）107,000

当期純利益の計算

損益計算書欄または貸借対照表欄の貸借差額が当期純利益となります。

損益計算書欄：$\underset{\text{収益合計}}{\underline{¥4,525,000}} - \underset{\text{費用合計}}{\underline{¥4,042,000}}$

$= ¥483,000$

貸借対照表欄：$\underset{\text{資産合計}}{\underline{¥5,604,000}} - \underset{\text{負債・資本合計}}{\underline{¥5,121,000}}$

$= ¥483,000$

！ここに注意

- 「収益合計＞費用合計」なので、当期純利益となる
- 「資産合計＞負債・資本合計」なので当期純利益となる

解答　第8回　精算表③（第153回第5問）

➡ 問題33ページ

問1

精　算　表

勘定科目	残高試算表 借方	残高試算表 貸方	修正記入 借方	修正記入 貸方	損益計算書 借方	損益計算書 貸方	貸借対照表 借方	貸借対照表 貸方
現　　　　金	135,000						135,000	
現 金 過 不 足	3,200			3,200				
普 通 預 金	1,630,000		150,000				1,780,000	
当 座 預 金		468,000	468,000					
売 掛 金	880,000			150,000			730,000	
仮 払 金	420,000			420,000				
繰 越 商 品	697,000		568,000	697,000			568,000	
建　　　　物	3,600,000						3,600,000	
備　　　　品	500,000		420,000				920,000	
土　　　　地	4,400,000						4,400,000	
買 掛 金		745,000						745,000
借 入 金		3,200,000						3,200,000
貸 倒 引 当 金		8,600		6,000				14,600
建物減価償却累計額		1,180,000		120,000				1,300,000
備品減価償却累計額		300,000		107,000				407,000
資 本 金		4,000,000						4,000,000
繰越利益剰余金		1,174,400						1,174,400
売　　　　上		8,670,000				8,670,000		
仕　　　　入	5,300,000		697,000	568,000	5,429,000			
給　　　　料	1,800,000				1,800,000			
通 信 費	26,800				26,800			
旅 費 交 通 費	94,000		2,800		96,800			
保 険 料	210,000			30,000	180,000			
支 払 利 息	50,000		12,000		62,000			
	19,746,000	19,746,000						
雑 （ 損 ）			400		400			
当 座 借 越				468,000				468,000
貸倒引当金繰入			6,000		6,000			
減 価 償 却 費			227,000		227,000			
（ 未 払 ）利息				12,000				12,000
前 払 保 険 料			30,000				30,000	
当期純（ 利 益 ）					842,000			842,000
			2,581,200	2,581,200	8,670,000	8,670,000	12,163,000	12,163,000

問2　¥（　　2,300,000　）

予想配点　■■■ 1つにつき3点。
　　　　　□□□ 1つにつき2点。合計35点。

決算整理事項等

① 売掛金の決済（未記帳）

（普 通 預 金）150,000　（売　掛　金）150,000

② 仮払金

備品は 3 月 1 日から使用開始しているので、1 か月分の減価償却を行うことになる。

（備　　　品）420,000　（仮　払　金）420,000

③ 現金過不足

現金過不足を借方に計上しているということは、現金が不足している状態です。決算時に原因不明の残額は「雑損」として処理します。

雑（損）：¥3,200 − ¥2,800 = ¥400

（旅費交通費）　2,800　（現金過不足）　3,200

（雑　　　損）　　400

④ 当座借越

当座預金勘定が貸方残高ということは、銀行からの借入れとなるため、決算時に当座借越勘定に振り替えます。

（当 座 預 金）468,000　（当 座 借 越）468,000

⑤ 貸倒引当金

売掛金の残高：¥880,000 − ¥150,000
　　　　　　　　　　　　　①より

　　　　　　　= ¥730,000

設定額：¥730,000 × 2 ％ = ¥14,600
貸倒引当金の残高：¥8,600
貸倒引当金繰入：¥14,600 − ¥8,600 = ¥6,000

（貸倒引当金繰入）　6,000　（貸倒引当金）　6,000

⑥ 売上原価の算定

売上原価は「仕入」の行で計算します。

（仕　　　入）697,000　（繰 越 商 品）697,000
（繰 越 商 品）568,000　（仕　　　入）568,000

⑦ 減価償却

建物：¥3,600,000 ÷ 30 年 = ¥120,000
備品

　既存分　¥500,000 ÷ 5 年 = ¥100,000

　新規分　$¥420,000 ÷ 5 年 × \dfrac{1 か月}{12 か月} = ¥7,000$

　合　計　¥100,000 + ¥7,000 = ¥107,000
減価償却費：¥120,000 + ¥107,000 = ¥227,000

（減価償却費）227,000　（建物減価償却累計額）120,000
　　　　　　　　　　　（備品減価償却累計額）107,000

決算整理後の建物の帳簿価額（問 2）

帳簿価額は、取得原価から減価償却累計額を差し引いた金額となります。

取得原価：¥3,600,000
減価償却累計額：¥1,180,000 + ¥120,000
　　　　　　　　= ¥1,300,000
帳簿価額：¥3,600,000 − ¥1,300,000
　　　　　= ¥2,300,000

⑧ 利息の未払計上

当期の 12 月 1 日に借り入れているので、4 か月分（12 月〜 3 月）を未払計上します。

（未払）利息：$¥1,200,000 × 3 ％ × \dfrac{4 か月}{12 か月}$

　　　　　　= ¥12,000

（支 払 利 息）12,000　（未 払 利 息）12,000

⑨ 保険料の前払計上

（前 払 保 険 料）30,000　（保　険　料）30,000

当期純利益の計算

損益計算書欄または貸借対照表欄の貸借差額が当期純利益となります。

損益計算書欄：¥8,670,000 − ¥7,828,000
　　　　　　　　収益合計　　　費用合計
　　　　　　= ¥842,000
貸借対照表欄：¥12,163,000 − ¥11,321,000
　　　　　　　　資産合計　　　負債・資本合計
　　　　　　= ¥842,000

第2部　タテ解き！編

問　題

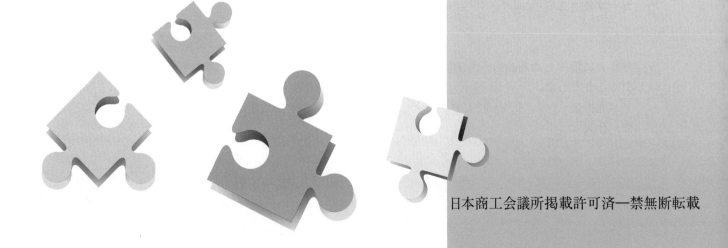

| 第1問 | 仕　訳 | A | 20分 | ➡ 解答116ページ |

　下記の各取引について仕訳しなさい。ただし、勘定科目は、各取引の下の勘定科目から最も適当と思われるものを選び、記号で解答すること。なお、消費税については、指示がある取引についてのみ考慮すること。

1．商品代金として受け取っていた自治体発行の商品券¥80,000を自治体指定の金融機関に引き渡し、全額がただちに普通預金口座へ振り込まれた。
　　ア．普通預金　　　イ．当座預金　　　ウ．受取商品券　　　エ．買掛金　　　　オ．売上
　　カ．仕入

Hint
商品券の発行元によって、会計処理が変わることはない

2．商品¥350,000を販売し、代金は10%の消費税を含めて掛けとした。なお、消費税は税抜方式で記帳する。
　　ア．売掛金　　　　イ．仮払消費税　　ウ．買掛金　　　　エ．仮受消費税　　オ．売上
　　カ．仕入

Hint
売上は税抜きの金額で計上する

3．建物および土地の固定資産税¥500,000の納付書を受け取り、未払金に計上することなく、ただちに当座預金口座から振り込んで納付した。　　　　　　　　　　　　　　（第152回）
　　ア．現金　　　　　イ．当座預金　　　ウ．建物　　　　　エ．土地　　　　　オ．租税公課
　　カ．支払家賃

Hint
固定資産税は分割納付できるため、納付するまで未払金に計上することもある

4．営業に用いている建物の改良・修繕を行い、代金¥8,000,000を、小切手を振り出して支払った。支払額のうち¥5,500,000は建物の価値を高める資本的支出であり、残額は機能維持のための収益的支出である。　　　　　　　　　　　　　　　　　　　　　　　　（第156回）
　　ア．現金　　　　　イ．当座預金　　　ウ．建物　　　　　エ．備品　　　　　オ．修繕費
　　カ．減価償却費

Hint
資本的支出
　→資産計上
収益的支出
　→費用計上

5．得意先に販売した商品のうち60個（@¥1,200）が品違いのため返品され、掛け代金から差し引くこととした。　　　　　　　　　　　　　　　　　　　　　　　　　　　　　（第144回）
　　ア．売掛金　　　　イ．未収入金　　　ウ．買掛金　　　　エ．未払金　　　　オ．売上
　　カ．仕入

Hint
販売側の返品処理ということは？

6. 買掛金の支払いとして¥250,000の約束手形を振り出し、仕入先に対して郵送した。なお、郵送代金¥500は現金で支払った。 **(第144回)**

ア. 現金 　　イ. 受取手形 　　ウ. 支払手形 　　エ. 買掛金 　　オ. 消耗品費
カ. 通信費

Hint 郵送代金はどのように処理する?

7. 収入印紙¥30,000、郵便切手¥3,000を購入し、いずれも費用として処理していたが、決算日に収入印紙¥10,000、郵便切手¥820が未使用であることが判明したため、これらを貯蔵品勘定に振り替えることとした。 **(第153回)**

ア. 貯蔵品 　　イ. 備品 　　ウ. 通信費 　　エ. 旅費交通費 　　オ. 租税公課
カ. 支払手数料

Hint 貯蔵品は、価値はあるけど、名乗る程ではない"名もなき資産"の総称

8. 商品を仕入れ、品物とともに次の納品書を受け取り、代金は消費税を含めて後日支払うこととした。なお、消費税については、税抜方式で記帳する。

ア. 売掛金 　　イ. 仮払消費税 　　ウ. 買掛金 　　エ. 仮受消費税 　　オ. 売上
カ. 仕入

Hint 納品書を受け取った側の仕訳を行う

納品書			
愛媛商事株式会社　御中			
			香川電器株式会社
品物	数量	単価	金額
置時計A	20	2,600	¥ 52,000
掛け時計B	25	4,100	¥102,500
消費税			¥ 15,450
合　計			¥169,950

9. 現金の実際有高が帳簿残高より不足していたため現金過不足勘定で処理していたが、本日、支払家賃¥72,000が記入漏れとなっていたことが判明した。

ア. 現金 　　イ. 雑益 　　ウ. 支払家賃 　　エ. 支払手数料 　　オ. 雑損
カ. 現金過不足

Hint 過去の仕訳
(借)現金過不足 72,000
　　(貸)現　金 72,000

10. 十勝百貨店は商品¥36,000を売り渡し、代金のうち¥30,000は他店発行の全国百貨店共通商品券で受け取り、残額は現金で受け取った。

ア. 現金 　　イ. 当座預金 　　ウ. 売掛金 　　エ. 受取商品券 　　オ. 売上
カ. 仕入

Hint 商品券の発行元によって、会計処理が変わることはない

タテ解き
問　題

第1回

第2回

第3回

11. 従業員が事業用のICカードから旅費交通費¥2,600および消耗品費¥700を支払った。なお、ICカードのチャージ（入金）については、チャージ時に仮払金勘定で処理している。

（第154回）

ア．現金　　　　イ．仮払金　　　ウ．仮受金　　　エ．旅費交通費　　オ．消耗品費
カ．通信費

Hint
過去の仕訳
（借）仮払金××
　　　（貸）現金等××

12. 当社の取締役N氏に資金を貸し付ける目的で¥1,500,000の小切手を振り出した。なお、その貸付期間は、4か月、利率は年利4％で利息は元金とともに受け取る条件となっている。
ア．現金　　　　　イ．当座預金　　　ウ．役員貸付金　　エ．役員借入金　　オ．受取利息
カ．支払利息

Hint
会社側の立場で仕訳する

13. 決算日に売上勘定の貸方残高¥50,000,000を損益勘定に振り替えた。　　（第156回）
ア．資本金　　　　イ．利益準備金　　ウ．繰越利益剰余金　エ．売上　　　　　オ．仕入
カ．損益

Hint
損益勘定で当期純利益（または当期純損失）を算定する

14. 広告宣伝費¥35,000を普通預金口座から支払った。また、振込手数料として¥300が同口座から引き落とされた。　　（第149回）
ア．当座預金　　　イ．普通預金　　　ウ．受取手数料　　エ．広告宣伝費　　オ．通信費
カ．支払手数料

Hint
支払手数料勘定を用いるときは、問題文に「手数料」と書いてある

15. 以下の納付書にもとづき、当社の普通預金口座から法人税を振り込んだ。
ア．当座預金　　　イ．普通預金　　　ウ．仮払消費税　　エ．仮受消費税
オ．未払法人税等　カ．未払消費税

Hint
「科目」と「納期等の区分」に着目する

領　収　証　書				
科目　　　法人税	本　　税	¥540,000	納期等の区分	X50401 X60331
	○○○税			
	△　△　税		中間申告　確定申告	
住所　兵庫県神戸市○○	□□税			
	××税		出納印 ×6.5.31 ＮＳ銀行	
氏名　兵庫商事株式会社	合計額	¥540,000		

➡ 答案25ページ

第2問 （1） 商品有高帳（第151回第4問）   A │10分│ ➡ 解答118ページ

次の6月中の取引にもとづいて、下記の**問**に答えなさい。

6月5日　X商品60個を＠￥500で売り上げた。
　　8日　5日に売り上げたX商品のうち10個が返品された。
　　12日　X商品150個を＠￥308で仕入れた。
　　22日　X商品180個を＠￥490で売り上げた。

問

(1) **移動平均法**により、答案用紙の商品有高帳（X商品）を作成しなさい。なお、8日の売上戻りについては、受入欄に記入すること。

(2) **移動平均法**にもとづいた場合の、6月のX商品の売上原価を求めなさい。

(3) **先入先出法**にもとづいた場合の、X商品の次月繰越高を求めなさい。

Digression（余談）

売上戻りは、この他に払出欄に△（マイナス）で記録する方法があるが、出題実績はありません

Hint

先入先出法は後から入ったものが月末に残ることから(3)は次のTフォームを書いて最終仕入の単価を掛けるとよい

商　品	
100個	60個
150個	△10個
	180個
	個
	×＠￥308

タテ解き
問　題

第1回

第2回

第3回

➡ 答案25ページ

第2問　(2)　補助簿の選択(第156回第4問)　A　10分　➡ 解答119ページ

金沢商事株式会社の次の［資料］にもとづいて、下記の**問**に答えなさい。なお、商品売買取引の処理は3分法により行っている。

[資料] ×8年7月中の取引
- 1日　備品¥870,000を購入し、引取運賃¥30,000を含めた合計額を、小切手を振り出して支払った。
- 10日　商品¥350,000を仕入れ、注文時に支払った手付金¥50,000を差し引いた残額を掛けとした。
- 16日　売掛金¥90,000を現金で回収した。
- 28日　商品¥800,000を売り上げ、代金のうち¥50,000は現金で受け取り、残額は掛けとした。
- 31日　月次決算処理のひとつとして、7月1日に購入した備品について、残存価額をゼロ、耐用年数を5年とする定額法で減価償却を行い、減価償却費を月割で計上した。

問1　1日、10日および16日の取引が、答案用紙に示されたどの補助簿に記入されるか答えなさい。なお、解答にあたっては、該当するすべての補助簿の欄に○印を付すこと。

問2　28日の取引について、入金伝票を次のように作成したとき、答案用紙の振替伝票を作成しなさい。なお、3伝票制を採用している。

Hint
入金伝票の科目欄
に着目する

入 金 伝 票	
科　目	金　額
売　掛　金	50,000

問3　31日に計上される減価償却費の金額を答えなさい。

➡ 答案26ページ

| 第3問 | B/S、P/L作成（第148回第5問改題） | A | 20分 | ➡ 解答121ページ |

次の(1)決算整理前残高試算表および(2)決算整理事項等にもとづいて、答案用紙の貸借対照表および損益計算書を完成しなさい。なお、消費税の仮受け・仮払いは、売上取引・仕入取引についてのみ行うものとする。会計期間は×1年4月1日から×2年3月31日までの1年間である。

(1)決算整理前残高試算表

借　方	勘 定 科 目	貸　方
315,000	現　　　　　金	
123,000	普 通 預 金	
410,000	受 取 手 形	
350,000	売 　掛 　金	
395,500	仮 払 消 費 税	
30,000	仮 払 法 人 税 等	
300,000	繰 越 商 品	
1,000,000	建　　　　　物	
450,000	備　　　　　品	
480,000	車 両 運 搬 具	
4,300,000	土　　　　　地	
	買 　掛 　金	640,000
	仮 　受 　金	180,000
	仮 受 消 費 税	478,200
	手 形 借 入 金	300,000
	貸 倒 引 当 金	5,200
	建物減価償却累計額	200,000
	備品減価償却累計額	449,999
	車両運搬具減価償却累計額	80,000
	資 　本 　金	4,200,000
	繰 越 利 益 剰 余 金	1,122,701
	売　　　　　上	4,782,000
	受 取 地 代	520,000
3,955,000	仕　　　　　入	
666,000	給　　　　　料	
75,000	水 道 光 熱 費	
65,600	通 　信 　費	
33,000	旅 費 交 通 費	
10,000	支 払 利 息	
12,958,100		12,958,100

(2)決算整理事項等

1. 3月末にすべての車両運搬具を¥180,000で売却したが、受け取った代金を仮受金として処理しただけである。そこで、決算にあたり適切に修正する。なお、車両運搬具は定額法（耐用年数6年、残存価額ゼロ）により減価償却を行う。

2. 受取手形および売掛金に対して1％の貸倒れを見積もり、差額補充法により貸倒引当金を設定する。

3. 消費税の処理（税抜方式）を行う。

4. 期末商品の棚卸高は¥315,000であった。

5. 建物については、定額法（耐用年数50年、残存価額ゼロ）により減価償却を行う。

6. 備品については、すでに昨年度において当初予定していた耐用年数をむかえたが、来年度も使用し続ける予定である。そこで、今年度の減価償却は不要であり、決算整理前残高試算表の金額をそのまま貸借対照表へ記載する。

7. 水道光熱費の未払額が¥7,000ある。

8. 支払利息の前払額が¥2,000ある。

9. 決算整理前残高試算表の受取地代は来期4月分を含む13か月分であるため、月割により適切な金額を前受計上する。

10. 法人税、住民税及び事業税が¥67,500と算定されたので、仮払法人税等との差額を未払計上する。

Change!
会計期間を4月1日～翌年3月31日に切り替えた

Change!
決算整理前残高試算表に繰越利益剰余金を加えた

Change!
最近の出題に合わせて設問を並び替えた

Hint
3月末売却なので、この車両は1年間使っている

Change!
消費税（税抜方式）の処理を加えた

Hint
期首＋当期－期末＝売上原価

Rule
使用中の備品を簿外資産としないために、¥1の備忘記録を残して償却している

Change!
「見越し」「繰延べ」を、「未収・未払い」「前受け・前払い」に言い換えた

Change!
法人税等の処理を加えた

タテ解き問題

第1回

第2回

第3回

第 **2** 回　本試験形式

第1問	仕　訳		B	20分	→ 解答124ページ

　下記の各取引について仕訳しなさい。ただし、勘定科目は、各取引の下の勘定科目から最も適当と思われるものを選び、記号で解答すること。なお、消費税については、指示がある取引についてのみ考慮すること。

1．売掛金¥500,000について、当社の取引銀行を通じて電子記録債権の発生記録が行われたとの連絡を受けた。

ア．電子記録債権　イ．売掛金　　ウ．電子記録債務　エ．買掛金　　　オ．売上
　　カ．仕入

Hint
債権者側の仕訳を行う

2．商品¥16,000を売り上げ、消費税¥1,600を含めた合計額のうち¥7,600は現金で受け取り、残額は共通商品券を受け取った。なお、消費税は税抜方式で記帳する。　　　　**(第154回)**

ア．現金　　　　　イ．受取商品券　ウ．仮払消費税　エ．仮受消費税　オ．売上
　　カ．仕入

Hint
商品券の発行元によって、会計処理が変わることはない

3．事務作業に使用する物品を購入し、品物とともに次の請求書を受け取り、代金は後日支払うこととした。

ア．売掛金　　　イ．未収入金　　ウ．買掛金　　　エ．未払金　　　オ．仕入
　　カ．消耗品費

Hint
送料も含めて費用計上する

請求書

株式会社千葉商事　様

ＮＳ商会株式会社

品物	数量	単価	金額
コピー用紙（Ａ４）	10	400	¥ 4,000
インクカートリッジ（４色パック）	5	4,000	¥20,000
蛍光ペン（10本入）	5	600	¥ 3,000
送料	－	－	¥ 1,000
		合計	¥28,000

×１年６月30日までに合計額を下記口座へお振込み下さい。
　ＮＳ銀行神田支店　普通　1234567　エヌエスシヨウカイ（カ

4．前期の決算において未収利息¥36,000を計上していたので、本日（当期首）、再振替仕訳を行った。　　　　**(第147回)**

ア．貸付金　　　イ．未収利息　　ウ．借入金　　　エ．未払利息　　オ．受取利息
　　カ．支払利息

Hint
再振替仕訳は、決算整理で行った仕訳の貸借逆仕訳

5．従業員が出張から帰社し、旅費の精算を行ったところ、あらかじめ概算額で仮払いしていた¥30,000では足りず、不足額¥15,000を従業員が立替払いしていた。なお、この不足額は次の給料支払時に従業員へ支払うため、未払金として計上した。

ア．未収入金　　イ．仮払金　　　ウ．未払金　　　エ．仮受金　　　オ．給料
　　カ．旅費交通費

Hint
給料支払時の処理
（借）給　料 ××
　　　　未払金 15,000
（貸）現金等×××

6. 収入印紙¥8,000を購入し、代金は現金で支払った。なお、この収入印紙はただちに使用した。　　　　　　　　　　　　　　　　　　　　　　　　　　　　　　　　（第150回）

　　ア．現金　　　　　イ．普通預金　　　ウ．貯蔵品　　　エ．通信費　　　オ．租税公課
　　カ．消耗品費

Hint
収入印紙代は租税公課

7. 日商銀行から¥5,000,000を借り入れ、同額の約束手形を振り出し、利息¥80,000を差し引かれた残額が当座預金口座に振り込まれた。　　　　　　　　　　　　　　　　　　（第156回）

　　ア．普通預金　　　イ．当座預金　　　ウ．手形貸付金　エ．手形借入金　オ．受取利息
　　カ．支払利息

Hint
手形の振出しによる借入れは？

8. 株式会社NS商事は増資を行うことになり、1株当たり¥50,000で株式を新たに100株発行し、出資者より当社の普通預金口座に払込金が振り込まれた。発行価額の全額を資本金とする。

　　ア．現金　　　　　イ．普通預金　　　ウ．当座預金　　　エ．資本金
　　オ．利益準備金　　カ．繰越利益剰余金

Hint
設立時の株式発行と同じ処理になる

9. 商品¥600,000をクレジット払いの条件で販売するとともに、信販会社へのクレジット手数料（販売代金の5％）を計上した。

　　ア．クレジット売掛金　イ．買掛金　　　　ウ．売上　　　　エ．受取手数料　オ．仕入
　　カ．支払手数料

Hint
信販会社に対する売掛金となる

10. 従業員にかかる健康保険料¥90,000を普通預金口座から納付した。このうち従業員負担分¥45,000は、社会保険料預り金からの支出であり、残額は会社負担分である。　　（第153回）

　　ア．普通預金　　　イ．当座預金　　　ウ．所得税預り金　エ．社会保険料預り金　オ．給料
　　カ．法定福利費

Hint
会社負担分は、法律で定められた従業員の幸福と利益のための費用

タテ解き
問　題

第1回

第2回

第3回

11. オフィスとしてビルの1部屋を1か月の家賃¥200,000で賃借する契約を結び、1か月分の家賃、敷金(家賃2か月分)、および不動産業者への仲介手数料(家賃1か月分)を現金で支払った。 (第156回)

Hint
敷金は保証金となります

 ア．現金 イ．差入保証金 ウ．受取家賃 エ．受取手数料 オ．支払家賃

 カ．支払手数料

12. 1株当たり¥100,000で15株の株式を発行し、合計¥1,500,000の払込みを受けて株式会社を設立した。払込金はすべて普通預金口座に預け入れられた。 (第152回)

Hint
払込みを受けた額は、原則として資本金となります

 ア．現金 イ．普通預金 ウ．当座預金 エ．資本金

 オ．利益準備金 カ．繰越利益剰余金

13. 神奈川商店に対する1か月分の売上(月末締め、翌月20日払い)を集計して次の請求書の原本を発送した。なお、神奈川商店に対する売上は商品発送時ではなく1か月分をまとめて仕訳を行うこととしているため、適切に処理を行う。

Hint
「月末締め、翌月20日払い」ということは？

 ア．売掛金 イ．未収入金 ウ．買掛金 エ．未払金 オ．売上

 カ．仕入

請求書(控)			
神奈川商店　御中			
			ＮＳ商事株式会社
品物	数量	単価	金額
電卓A	100	1,000	¥100,000
電卓B	60	1,500	¥ 90,000
電卓C	40	2,000	¥ 80,000
		合計	¥270,000

×1年5月20日までに合計額を下記口座へお振込み下さい。
 ＮＳ銀行神田支店　当座　7654321　エヌエスシヨウジ（カ

14. 得意先が倒産し、売掛金¥800,000のうち¥200,000は、かねて注文を受けたさいに受け取っていた手付金と相殺し、残額は貸倒れとして処理した。 (第144回)

Hint
手付金を受け取ったときに、どのような処理をしている？

 ア．売掛金 イ．前払金 ウ．買掛金 エ．前受金

 オ．償却債権取立益 カ．貸倒損失

15. 不用になった備品(取得原価¥660,000、減価償却累計額¥561,000、間接法で記帳)を¥3,000で売却し、売却代金は現金で受け取った。 (第154回)

Hint
売却価額と帳簿価額の差が売却損益

 ア．現金 イ．普通預金 ウ．備品 エ．備品減価償却累計額

 オ．固定資産売却益 カ．固定資産売却損

➡ 答案30ページ

第2問	(1)　勘定記入（第156回第2問）	B	15分	➡ 解答127ページ

×2年4月1日に設立された日商株式会社の次の［資料］にもとづいて、下記の**問**に答えなさい。

［資料］

第1期（×2年4月1日から×3年3月31日まで）

・決算において、当期純利益￥2,000,000を計上した。

・第1期には配当を行っていない。

第2期（×3年4月1日から×4年3月31日まで）

・決算において、当期純損失￥350,000を計上した。

・第2期には配当を行っていない。

第3期（×4年4月1日から×5年3月31日まで）

・6月25日に開催された株主総会において、繰越利益剰余金残高から次のように処分することが決議された。

　　株主配当金　￥100,000　　配当に伴う（　①　）の積立て　￥10,000

・6月28日に、株主配当金￥100,000を普通預金口座から支払った。

・決算において、当期純利益￥1,600,000を計上した。

問1　第2期の決算において、損益勘定で算定された当期純損失￥350,000を繰越利益剰余金勘定に振り替える仕訳を答えなさい。勘定科目については、［語群］の中から選択すること。

問2　第3期における繰越利益剰余金勘定の空欄①～④に入る適切な語句または金額を答えなさい。①と②については、［語群］の中から選択すること。

Hint
当期純損失の場合、損益勘定は借方残高

繰越利益剰余金

6/25	未 払 配 当 金	100,000	4/ 1 前 期 繰 越（　　④　　）	
〃	（　　①　　）	10,000	3/31 （　　　　　）（　　　　　）	
3/31	（　②　）（　③　）			
	（　　　　　）		（　　　　　）	

［語群］

損　　　益　　次 期 繰 越　　普 通 預 金　　利 益 準 備 金　　資　本　金　　繰越利益剰余金

➡ 答案30ページ

| 第2問 | (2) 伝票会計(第150回第4問改題) | Ａ 5分 | ➡ 解答129ページ |

次の各取引の伝票記入について、空欄①から⑤にあてはまる適切な語句または金額を答えなさい。なお、当社では3伝票制を採用しており、商品売買取引の処理は3分法により行っている。

(1) 商品を¥400,000で仕入れ、代金のうち¥100,000を現金で支払い、残額は掛けとした。

（　）伝票	
科　目	金　額
買　掛　金	（　　　）

振　替　伝　票			
借方科目	金　額	貸方科目	金　額
（　①　）	（　　　）	（　　　）	（　②　）

Hint
まず取引の仕訳を作り、擬制か分割かを考える

(2) 商品を¥550,000で売り上げ、代金は掛けとした。また、当社負担の発送費¥4,000を現金で支払った。

（　③　）伝票	
科　目	金　額
（　④　）	（　　　）

振　替　伝　票			
借方科目	金　額	貸方科目	金　額
（　　　）	（　　　）	（　　　）	（　⑤　）

Change!
出題範囲から外れるため「顧客負担の送料」を「当社負担の発送費」に変更した

➡ 答案31ページ

第3問	精算表(第150回第5問改題)	A	20分	➡ 解答130ページ

次の決算整理事項等にもとづいて、答案用紙の精算表を完成しなさい。なお、会計期間は4月1日から翌年3月31日までの1年間である。

Change!
会計期間を4月1日〜翌年3月31日に切り替えた

Change!
繰越利益剰余金の行を加えた

<u>決算整理事項等</u>

1. 当期に仕入れていた商品¥70,000を決算日前に返品し、同額を掛代金から差し引くこととしたが、この取引が未記帳であった。

2. 小口現金係から次のとおり小口現金を使用したことが報告されたが、未記帳であった。なお、この報告にもとづく補給は翌期に行うこととした。

   文房具　¥3,600(使用済み)　　電車賃　¥4,500

Hint
文房具は消耗品費、電車賃は旅費交通費

3. 残高試算表欄の土地の半額分は売却済みであったが、代金¥1,300,000を仮受金としたのみであるため、適切に修正する。

4. 残高試算表欄の保険料のうち¥180,000は当期の8月1日に向こう1年分として支払ったものであるが、2月中に解約した。保険会社から3月1日以降の保険料が月割で返金される旨の連絡があったため、この分を未収入金へ振り替える。

Rule
「向こう」は「その時点以降」という意味

5. 受取手形および売掛金の期末残高合計に対して2%の貸倒引当金を差額補充法により設定する。

Hint
1か月あたりの保険料を計算し、解約以降の月数を掛けて計算する

6. 期末商品棚卸高は¥330,000(1.の返品控除後)である。売上原価は「仕入」の行で計算するが、期末商品棚卸高については返品控除後の金額を用いる。

7. 建物および備品について次のとおり定額法で減価償却を行う。

   建物:残存価額は取得原価の10%、耐用年数24年

   備品:残存価額ゼロ、耐用年数5年

8. 手形借入金は当期の2月1日に借入期間1年、利率年4.5%で借り入れたものであり、借入時に1年分の利息が差し引かれた金額を受け取っている。そこで、利息の前払分を月割により計上する。

Hint
利息は計上済みです

9. 未払法人税等¥264,000を計上する。なお、当期に中間納付はしていない。

Change!
法人税等の処理を加えた

タテ解き
問題

第1回

第2回

第3回

第1問	仕　訳	B 20分 ➡ 解答133ページ

　下記の各取引について仕訳しなさい。ただし、勘定科目は、各取引の下の勘定科目から最も適当と思われるものを選び、記号で解答すること。なお、消費税については、指示がある取引についてのみ考慮すること。

1．不用になった備品（取得原価¥400,000、減価償却累計額¥300,000、間接法で記帳）を期首に¥20,000で売却し、代金は2週間後に受け取ることとした。　　　　　　　（第146回）

　　ア．売掛金　　　　イ．未収入金　　　ウ．備品　　エ．備品減価償却累計額
　　オ．固定資産売却益　カ．固定資産売却損

Hint
「取得原価－減価償却累計額」が帳簿価額となり、売却価額と帳簿価額の差が売却損益

2．現金の帳簿残高が実際有高より¥10,000少なかったので現金過不足として処理していたが、決算日において、受取手数料¥15,000と旅費交通費¥7,000の記入漏れが判明した。残額は原因が不明であったので、雑益または雑損として処理する。　　　　　　　（第150回）

　　ア．現金　　　　　イ．受取手数料　　ウ．雑益　　　　エ．旅費交通費
　　オ．雑損　　　　　カ．現金過不足

Hint
過去の仕訳
（借）現　金 10,000
　（貸）現金過不足 10,000

3．前期の決算において、未使用の切手代金¥5,000を貯蔵品勘定へ振り替えていたので、本日（当期首）、再振替仕訳を行った。

　　ア．繰越商品　　　イ．貯蔵品　　　　ウ．旅費交通費　エ．消耗品費　　　オ．通信費
　　カ．租税公課

Hint
再振替仕訳は、決算整理で行った仕訳の貸借逆仕訳

4．以下の納付書にもとづき、当社の普通預金口座から消費税を振り込んだ。

　　ア．現金　　　　　イ．普通預金　　　ウ．当座預金　　エ．仮払消費税
　　オ．未払法人税等　カ．未払消費税

Hint
「科目」と「納期等の区分」に着目する

領　収　証　書			
科目 消費税及び地方消費税	本　税	¥300,000	納期等　X10401 の区分　X20331
	○○○税		
	△△税		中間申告　⦅確定申告⦆
住所 東京都千代田区○○	□□税		
	××税		出納印 ×2.5.30 NS銀行
氏名 株式会社NS商事	合計額	¥300,000	

5．以前注文をうけていた商品¥3,000,000を引き渡し、受注したときに手付金として受け取っていた¥600,000を差し引いた金額を掛けとした。また、当社負担の発送費¥20,000を現金で支払った。　　　　　　　　　　　（第153回改）

　　ア．現金　　　　　イ．売掛金　　　　ウ．前払金　　　エ．前受金　　　オ．売上
　　カ．発送費

Change!
出題範囲から外れるため「先方負担の発送費」を「当社負担の発送費」に変更した

6．新田商店に￥600,000を貸し付け、同額の約束手形を受け取り、利息￥6,000を差し引いた残額を当社の普通預金口座から新田商店の普通預金口座に振り込んだ。　**(第149回)**
　　ア．普通預金　　イ．当座預金　　ウ．手形貸付金　　エ．手形借入金　　オ．受取利息
　　カ．支払利息

Hint
手形の受取りによる貸付けは？

7．従業員に対する給料￥1,000,000を、所得税の源泉徴収分￥70,000および健康保険・厚生年金の社会保険料合計￥90,000を控除し、各従業員の指定する銀行口座へ当社の普通預金から振り込んで支払った。
　　ア．普通預金　　イ．当座預金　　ウ．所得税預り金　エ．社会保険料預り金　オ．給料
　　カ．法定福利費

Hint
給料勘定は総額

8．株主総会で繰越利益剰余金￥1,200,000の一部を次のとおり処分することが承認された。
　　　株　主　配　当　金：￥300,000
　　　利益準備金の積立て：￥ 30,000
　　ア．現金　　　　イ．普通預金　　ウ．未払配当金　　エ．資本金
　　オ．繰越利益剰余金　カ．利益準備金

Hint
繰越利益剰余金を全額処分するわけではない

9．中間申告を行い、法人税￥500,000、事業税￥230,000および住民税￥120,000を現金で納付した。
　　ア．現金　　　　イ．普通預金　　ウ．仮払消費税　　エ．仮払法人税等
　　オ．未払消費税　　カ．未払法人税等

Hint
中間申告なので仮払い

10．本日、仙台商店に対する買掛金￥500,000および売掛金￥100,000の決済日につき、仙台商店の承諾を得て両者を相殺処理するとともに、買掛金の超過分￥400,000は小切手を振り出して支払った。　**(第148回)**
　　ア．普通預金　　イ．当座預金　　ウ．売掛金　　エ．未収入金　　オ．買掛金
　　カ．未払金

Rule
問題文のとおりに処理する

タテ解き問題
第1回
第2回
第3回

11. 仕入勘定において算定された売上原価¥2,800,000を損益勘定に振り替えた。 （第150回）
　　　ア．繰越商品　　　イ．繰越利益剰余金　ウ．売上　　　　　エ．商品売買益　　　オ．仕入
　　　カ．損益

Hint
仕入勘定の残高が
売上原価の金額を
表している

12. 借入金（元金均等返済）の今月返済分の元本¥200,000および利息（各自計算）が普通預金口
　　座から引き落とされた。利息の引落額は未返済の元本¥1,000,000に利率年3.65％を適用し、
　　30日分の日割計算（1年を365日とする）した額である。 （第151回）
　　　ア．普通預金　　　イ．当座預金　　　ウ．貸付金　　　　エ．借入金　　　　オ．受取利息
　　　カ．支払利息

Hint
利息は未返済の元
本に対して支払う

13. 店頭における一日分の売上の仕訳を行うにあたり、集計結果は次のとおりであった。また、
　　合計額のうち¥21,000はクレジットカード、残りは現金による決済であった。
　　　ア．現金　　　　　イ．クレジット売掛金　ウ．仮払消費税　　エ．仮受消費税　　オ．売上
　　　カ．仕入

Hint
売上は税抜きの金
額で計上する

売上集計表			
			×8年5月8日
品物	数量	単価	金額
スマホケースA	20	1,000	¥20,000
スマホケースB	15	1,600	¥24,000
スマホケースC	10	2,000	¥20,000
		消費税	¥ 6,400
		合　計	¥70,400

14. 得意先福岡商店から売掛金¥100,000を現金で回収したさい、誤って売上に計上していた
　　ことが判明したので、本日これを訂正する。
　　　ア．現金　　　　　イ．普通預金　　　ウ．売掛金　　　　エ．買掛金　　　　オ．売上
　　　カ．仕入

Hint
過去の仕訳
（借）現金 100,000
　　（貸）売上 100,000

15. 従業員が出張から戻り、下記の報告書および領収書を提出したので、本日、全額を費用と
　　して処理した。旅費交通費等報告書記載の金額は、その全額を従業員が立て替えて支払って
　　おり、月末に従業員に支払うこととした。なお、電車運賃は領収書なしでも費用計上するこ
　　とにしている。 （第156回）
　　　ア．未収入金　　　イ．仮払金　　　ウ．未払金　　　　エ．仮受金
　　　オ．旅費交通費　　カ．通信費

Hint
営業目的（商品売
買）以外の未払い
は？

旅費交通費等報告書			
			日商太郎
移動先	手段等	領収書	金額
千葉商店	電車	無	1,400
ホテル日商	宿泊	有	9,000
帰　　社	電車	無	1,400
		合計	11,800

```
領　収　書
日商商事(株)
日商太郎 様
　　　金　9,000円
　　但し、宿泊料として
　　　　　　　　ホテル日商
```

→ 答案35ページ

| 第2問 | (1) 勘定記入 | | B | 15分 | → 解答136ページ |

次の［資料］にもとづいて、備品勘定および備品減価償却累計額勘定への記入を完成しなさい。なお、定額法（残存価額ゼロ）にもとづき減価償却が行われており、減価償却費は月割計算によって計上する。また、当社の決算日は毎年3月31日である。

［資料］

固定資産台帳　　　　　　　×5年3月31日現在

取得年月日	名称等	期末数量	耐用年数	期首(期中取得)取得原価	期首減価償却累計額	差引期首(期中取得)帳簿価額	当期減価償却費
備品							
×1年4月1日	備品Ⅰ	1	8年	1,152,000	432,000	720,000	?
×3年10月1日	備品Ⅱ	2	6年	675,000	56,250	618,750	?
×4年6月1日	備品Ⅲ	3	5年	1,125,000	0	1,125,000	?
小　計				2,952,000	488,250	2,463,750	?

Hint
備品Ⅲは当期に取得している

タテ解き
問　題

第1回

第2回

第3回

➡ 答案35ページ

| 第2問 | (2) 語群選択(第149回第4問) | A | 5分 | ➡ 解答138ページ |

次の文の①から⑤にあてはまる最も適切な語句を下記の［語群］から選び、ア〜シの記号で答えなさい。

1．貸倒引当金は受取手形や売掛金に対する（①）勘定である。
2．買掛金元帳は、仕入先ごとの買掛金の増減を記録する（②）である。
3．建物の修繕によってその機能が向上し価値が増加した場合、（③）勘定で処理する。
4．3伝票制を採用している場合、入金伝票と出金伝票の他に、通常（④）伝票が用いられる。
5．商品有高帳の払出欄の単価欄には商品の（⑤）が記入される。

Hint
まず語群を読んで、同類の言葉に同じマークを付けてから始めましょう

［語群］

ア 仕 入	イ 売 上	ウ 主 要 簿	エ 補 助 簿
オ 売 価	カ 原 価	キ 評 価	ク 残 高
ケ 振 替	コ 起 票	サ 建 物	シ 修 繕 費

➡ 答案36ページ

第3問　後T/B（第156回第5問）　　A　20分　　➡ 解答139ページ

　当社（会計期間は×7年4月1日から×8年3月31日までの1年間）の(1)決算整理前残高試算表および(2)決算整理事項等にもとづいて、下記の**問**に答えなさい。なお、消費税の仮受け・仮払いは、売上時・仕入時のみ行うものとし、(2)決算整理事項等の6．以外は消費税を考慮しない。

(1)

決算整理前残高試算表

借　方	勘定科目	貸　方
2,129,000	現　　　　　金	
4,615,000	普　通　預　金	
6,435,000	売　　掛　　金	
400,000	仮　　払　　金	
2,475,000	仮　払　消　費　税	
650,000	仮　払　法　人　税　等	
1,800,000	繰　越　商　品	
4,500,000	備　　　　　品	
3,000,000	貸　　付　　金	
	買　　掛　　金	4,620,000
	仮　　受　　金	35,000
	仮　受　消　費　税	4,128,000
	貸　倒　引　当　金	52,000
	借　　入　　金	1,000,000
	備品減価償却累計額	1,350,000
	資　　本　　金	10,000,000
	繰越利益剰余金	2,109,000
	売　　　　　上	41,280,000
	受　取　利　息	90,000
24,750,000	仕　　　　　入	
135,000	発　　送　　費	
2,400,000	支　払　家　賃	
350,000	租　税　公　課	
11,025,000	その他の費用	
64,664,000		64,664,000

(2)決算整理事項等

1．仮受金はかつて倒産した得意先に対する売掛金にかかる入金であることが判明した。なお、この売掛金は前期に貸倒処理済みである。

> **Hint**
> 償却済みの債権を回収したときは？

2．当社では商品の発送費（当社負担）について、1か月分をまとめて翌月に支払う契約を配送業者と結んでいる。×8年3月分の発送費は¥10,000であったため、期末に費用計上する。

> **Hint**
> 期末には未払い

3．売掛金の期末残高に対して1％の貸倒引当金を差額補充法により設定する。

4．期末商品棚卸高は¥1,765,000である。

5．備品について、残存価額をゼロ、耐用年数を10年とする定額法により減価償却を行う。

6．消費税の処理（税抜方式）を行う。

7．貸付金は×7年12月1日に期間1年、利率年3％の条件で貸し付けたものであり、利息は貸付時に全額受け取っている。そこで、利息について月割により適切に処理する。

> **Hint**
> 利息の前受け

8．仮払金は×8年4月分と5月分の2か月分の家賃が×8年3月28日に普通預金口座から引き落とされたものであることが判明した。そこで、家賃の前払分として処理する。

9．法人税等が¥850,000と計算されたので、仮払法人税等との差額を未払法人税等として計上する。

問1　答案用紙の決算整理後残高試算表を完成しなさい。

問2　当期純利益または当期純損失の金額を答えなさい。なお、**当期純損失の場合は金額の頭に△を付すこと**。

タテ解き
問　題

第1回

第2回

第3回

スピードアップのための電卓術

電卓の上手な使い方をマスターすればスピードアップが図れ、得点力がアップします。
電卓を使いこなすテクニックを修得しましょう。

3つの省略テクニックでスピードUP >>>

今までふつうに叩いていたキーを省略してスピードアップを図りましょう。

省略テクニック❶ 「計算途中の = キーは省略できる」

練習問題

片道の交通費が電車賃200円とバス代100円です。往復だといくらでしょうか？

計算式：（200円＋100円）×2＝600円

普通の使い方： 2 00 + 1 00 = × 2 = 600

 2 00 + 1 00 × 2 = 600

Point = キーは省略できます。

省略テクニック❷ 「 0 を省略」

練習問題

販売価格1,000円で原価率60%（0.6）の商品の原価はいくらでしょうか？

計算式：1,000円×0.6＝600円

普通の使い方： 1 00 0 × 0 . 6 = 600

 1 00 0 × . 6 = 600

Point 0 は省略できます。

省略テクニック❸ 「 % キーを使って = キーを省略」

> 省略で
> 差をつけよう

練習問題

販売価格1,000円で原価率60%（0.6）の商品の原価はいくらでしょうか？

 1 00 0 × 6 0 % 600

Point = キーを押す必要はありません。

第2部 タテ解き! 編

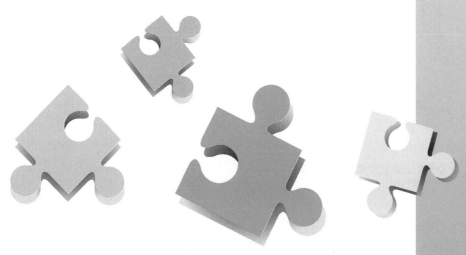

解答・解説

第 1 回　本試験形式【解答・解説】

解答　　第1問　仕 訳　　　　　　　　　　　➡ 問題96ページ

	仕　　　　　　　　　訳						
	借　方　科　目		金　　額	貸　方　科　目		金　　額
1	普　通　預　金	ア	80,000	受　取　商　品　券	ウ	80,000
2	売　　掛　　金	ア	385,000	売　　　　　　　上	オ	350,000
				仮　受　消　費　税	エ	35,000
3	租　税　公　課	オ	500,000	当　座　預　金	イ	500,000
4	建　　　　　物	ウ	5,500,000	当　座　預　金	イ	8,000,000
	修　　繕　　費	オ	2,500,000			
5	売　　　　　上	オ	72,000	売　　掛　　金	ア	72,000
6	買　　掛　　金	エ	250,000	支　払　手　形	ウ	250,000
	通　　信　　費	カ	500	現　　　　　金	ア	500
7	貯　　蔵　　品	ア	10,820	租　税　公　課	オ	10,000
				通　　信　　費	ウ	820
8	仕　　　　　入	カ	154,500	買　　掛　　金	ウ	169,950
	仮　払　消　費　税	イ	15,450			
9	支　払　家　賃	ウ	72,000	現　金　過　不　足	カ	72,000
10	受　取　商　品　券	エ	30,000	売　　　　　上	オ	36,000
	現　　　　　金	ア	6,000			
11	旅　費　交　通　費	エ	2,600	仮　　払　　金	イ	3,300
	消　　耗　品　費	オ	700			
12	役　員　貸　付　金	ウ	1,500,000	当　座　預　金	イ	1,500,000
13	売　　　　　上	エ	50,000,000	損　　　　　益	カ	50,000,000
14	広　告　宣　伝　費	エ	35,000	普　通　預　金	イ	35,300
	支　払　手　数　料	カ	300			
15	未　払　法　人　税　等	オ	540,000	普　通　預　金	イ	540,000

＊勘定科目は**記号**での**解答**となります。参考として、勘定科目も記入しています。

予想配点 仕訳1組につき3点。
合計45点。

解 説

1.商品券の精算時の処理
商品券を受け取ったときに「受取商品券」で処理しています。

2.売上時の処理・消費税
仮受消費税：￥350,000×10％＝￥35,000
売　掛　金：￥350,000＋￥35,000＝￥385,000

3. 固定資産税の納付時の処理

固定資産税は「租税公課」で処理します。

4. 資本的支出・収益的支出

資本的支出は資産計上するため「建物」、収益的支出は費用計上するため「修繕費」で処理します。

修繕費：¥8,000,000 − ¥5,500,000 = ¥2,500,000

5. 売上返品時の処理

売上：@¥1,200×60個 = ¥72,000

6. 手形の振出時の処理

郵送代金は「通信費」で処理します。

7. 貯蔵品勘定への振替え

収入印紙は「租税公課」、郵便切手は「通信費」で処理しています。

貯蔵品：¥10,000 + ¥820 = ¥10,820

8. 仕入時の処理・消費税

仕入は税抜きの金額で計上します。

仕入：¥52,000 + ¥102,500 = ¥154,500

9. 現金過不足

「実際有高＜帳簿残高」なので、現金不足として「現金過不足」を借方計上しています。

10. 売上時の処理・商品券

商品券を受け取ったときは、「受取商品券」で処理します。

現金：¥36,000 − ¥30,000 = ¥6,000

11. ICカード

仮払金：¥2,600 + ¥700 = ¥3,300

12. 役員への貸付け

役員に対する貸付金なので、「役員貸付金」で処理します。

13. 損益勘定への振替え

売上勘定は貸方残高なので、損益勘定の貸方に振り替えます。

14. 振込手数料

振込手数料は「支払手数料」で処理します。

普通預金：¥35,000 + ¥300 = ¥35,300

15. 法人税等

科目が「法人税」、納期等の区分が「確定申告」なので、確定申告時の法人税の納付と判断します。

タテ解き
解　答

第1回

第2回

第3回

(1)

商 品 有 高 帳
X 商 品

×1年		摘　　要	受	入		払	出		残	高	
			数量	単価	金　額	数量	単価	金　額	数量	単価	金　額
6	1	前月繰越	100	300	30,000				100	300	30,000
	5	売　　上				60	300	18,000	40	300	12,000
	8	売上戻り	10	300	3,000				50	300	15,000
	12	仕　　入	150	308	46,200				200	306	61,200
	22	売　　上				180	306	55,080	20	306	6,120
	30	次月繰越				20	306	6,120			
			260	—	79,200	260	—	79,200			

(2)	(3)
¥　70,080	¥　6,160

こに注意

・商品有高帳は、受入欄も払出欄も原価で記入する。
・売上戻りは受入欄に記入する。

予想配点　░░░░ 1つにつき2点。合計10点。

解説

(1)商品有高帳の作成（移動平均法）

6月5日　摘要欄　売上
　　　　払出欄　60個×@¥300＝¥18,000（売上原価）…①
　　　　残高欄　40個×@¥300＝¥12,000
　　8日　摘要欄　売上戻り
　　　　受入欄　10個×@¥300＝¥3,000（売上原価のマイナス）…②
　　　　残高欄　50個×@¥300＝¥15,000
　　12日　摘要欄　仕入
　　　　受入欄　150個×@¥308＝¥46,200
　　　　残高欄　200個×@¥306*＝¥61,200

$$*平均単価：\frac{¥15,000＋¥46,200}{50個＋150個}＝@¥306$$

　　22日　摘要欄　売上
　　　　払出欄　180個×@¥306＝¥55,080（売上原価）…③
　　　　残高欄　20個×@¥306＝¥6,120
　　30日　摘要欄　次月繰越
　　　　払出欄　20個×@¥306＝¥6,120

(2)売上原価の算定
（移動平均法）
　①　　¥18,000
　②△¥　3,000
　③　　¥55,080
　　　　¥70,080

(3)先入先出法による次月繰越高

　先入先出法は、先に仕入れたものから先に払い出すと考えるので、次月繰越商品の単価は、最後に仕入れた12日の単価@¥308になります。

　20個×@¥308＝¥6,160

解答 ▶ 第2問 ⑵補助簿の選択(第156回第4問)　➡ 問題100ページ

問1

日付 ＼ 補助簿	現金出納帳	当座預金出納帳	商品有高帳	売掛金元帳(得意先元帳)	買掛金元帳(仕入先元帳)	仕入帳	売上帳	固定資産台帳
1日		○						○
10日			○		○	○		
16日	○			○				

問2

振　替　伝　票			
借　方　科　目	金　　額	貸　方　科　目	金　　額
(売　　掛　　金)	(800,000)	(売　　　　　上)	(800,000)

問3　¥(　　　15,000　)

解説

問1

各日付の取引の仕訳を行い、記入される補助簿を選択します。

1日　備品の購入

固定資産台帳 ◀── (備　　品) 900,000　(当座預金) 900,000 ──▶ 当座預金出納帳

※　備品：¥870,000 + ¥30,000 = ¥900,000

10日　仕入

 ◀── (仕　　入) 350,000　(前 払 金) 50,000
　　　　　　　　　　　　　　　　　　　　(買 掛 金) 300,000 ──▶ 買掛金元帳

※　商品の増減があるため、商品有高帳に記入します。

16日　売掛金の回収

現金出納帳 ◀── (現　　金) 90,000　(売 掛 金) 90,000 ──▶ 売掛金元帳

問2

28日の仕訳

（現 　　 金）50,000 （売 　　　 上）800,000
（売 掛 金）750,000

入金伝票の相手勘定が「売掛金」であることから、**全額を掛取引として起票する方法**を採用していると判断します。

いったん、全額を掛けで売り上げて、

（売 掛 金）800,000 （売 　　　 上）800,000

振 替 伝 票			
借 方 科 目	金 額	貸 方 科 目	金 額
売 掛 金	800,000	**売 　 上**	800,000

すぐに掛代金の一部を現金で受け取ったと考えます。

（現 　　 金）50,000 （売 掛 金）50,000

入 金 伝 票	
科 　 目	金 額
売 掛 金	50,000

参考 取引を分解して起票する方法の場合

現金による売上

（現 　　 金）50,000 （売 　　　 上）50,000

入 金 伝 票	
科 　 目	金 額
売 　 上	50,000

掛けによる売上

（売 掛 金）750,000 （売 　　　 上）750,000

振 替 伝 票			
借 方 科 目	金 額	貸 方 科 目	金 額
売 掛 金	750,000	**売 　 上**	750,000

問3

月次決算にあたり、1日に購入した備品について**1か月分**の減価償却費を計上します。

減価償却費：¥900,000÷5年÷12か月＝¥15,000

解答 ▶ **第3問　B/S、P/L作成（第148回第5問改題）** ➡ 問題101ページ

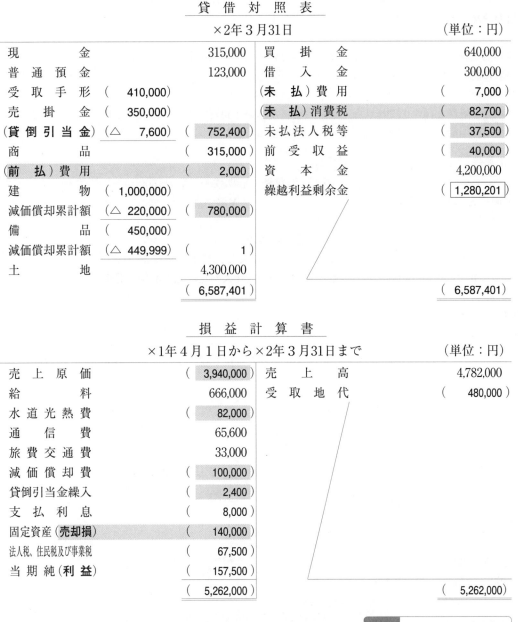

貸　借　対　照　表

×2年3月31日　　　　　　　　　　（単位：円）

現　　　　　金		315,000	買　　掛　　金		640,000
普　通　預　金		123,000	借　　入　　金		300,000
受　取　手　形	（　410,000）		（未　払）費　用		（　7,000）
売　　掛　　金	（　350,000）		（未　払）消費税		（　82,700）
（貸倒引当金）	（△　7,600）	（752,400）	未払法人税等		（　37,500）
商　　　　　品		（315,000）	前　受　収　益		（　40,000）
（前　払）費用		（　2,000）	資　　本　　金		4,200,000
建　　　　　物	（1,000,000）		繰越利益剰余金		（1,280,201）
減価償却累計額	（△ 220,000）	（780,000）			
備　　　　　品	（　450,000）				
減価償却累計額	（△ 449,999）	（　　　1）			
土　　　　　地		4,300,000			
		（6,587,401）			（6,587,401）

損　益　計　算　書

×1年4月1日から×2年3月31日まで　　　　（単位：円）

売　上　原　価	（3,940,000）	売　　上　　高	4,782,000
給　　　　　料	666,000	受　取　地　代	（　480,000）
水　道　光　熱　費	（　82,000）		
通　　信　　費	65,600		
旅　費　交　通　費	33,000		
減　価　償　却　費	（　100,000）		
貸倒引当金繰入	（　2,400）		
支　払　利　息	（　8,000）		
固定資産（売却損）	（　140,000）		
法人税、住民税及び事業税	（　67,500）		
当　期　純（利　益）	（　157,500）		
	（5,262,000）		（5,262,000）

予想配点 ▨ 1つにつき3点。　☐ 1つにつき2点。　合計35点。

タテ解き解答　第1回　第2回　第3回

1. 問題を解くための準備

損益計算書と貸借対照表には、**表示科目**で記載することになります。経過勘定項目など、**勘定科目と表示科目が異なるもの**を記載するときは注意しましょう。

[解答の流れ]

(1)決算整理前残高試算表の金額に、(2)決算整理事項等で処理した金額を加減して、損益計算書と貸借対照表に記入していきます。

[解き方]

(2)決算整理事項等の処理を行い、これ以上、**金額の増減がない**と判断できたら、決算整理前残高試算表の金額に加減して、答案用紙に記入していきましょう。

2. 決算整理事項等の処理

1. 仮受金

仮受金は、全額車両の売却額と判明しましたが、売却処理が未処理のため、併せて決算整理で適切に修正します。

減価償却：¥480,000 ÷ 6 年 = ¥80,000

帳簿価額：¥480,000 − ¥80,000 − ¥80,000
        = ¥320,000

売却損益：¥180,000 − ¥320,000 = △¥140,000（損）

（車両運搬具減価償却累計額）	80,000	（車両運搬具）	480,000
（減価償却費）	80,000		
（仮 受 金）	180,000		
（固定資産売却損）	140,000		

[損益計算書]

固定資産（**売却損**）：¥140,000

2. 貸倒引当金の設定（差額補充法）

設定額

（¥410,000 + ¥350,000）× 1 % = ¥7,600
　受取手形　　　売掛金

繰入額

¥7,600 − ¥5,200 = ¥2,400

| （貸倒引当金繰入） | 2,400 | （貸倒引当金） | 2,400 |

[損益計算書]

貸倒引当金繰入：¥2,400

[貸借対照表]

（貸倒引当金）：¥5,200 + ¥2,400 = ¥7,600

3. 消費税の処理

決算において、「仮受消費税」と「仮払消費税」との差額を「未払消費税」で処理します。

| （仮受消費税） | 478,200 | （仮払消費税） | 395,500 |
| | | （未払消費税） | 82,700 |

[貸借対照表]

（未払）消費税：¥478,200 − ¥395,500
        = ¥82,700

4. 売上原価の算定

ボックス図を作成し、貸借差額により売上原価を計算します（仕入勘定で売上原価を算定すると仮定）。

| （仕 入） | 300,000 | （繰越商品） | 300,000 |
| （繰越商品） | 315,000 | （仕 入） | 315,000 |

[損益計算書]

売上原価：¥300,000 + ¥3,955,000 − ¥315,000
        = ¥3,940,000

[貸借対照表]

商品：¥315,000

> **ここに注意**
>
> ・売上原価
>   ＝期首商品棚卸高＋当期商品仕入高−期末商品棚卸高

5. 建物の減価償却（定額法）

¥1,000,000 ÷ 50年 = ¥20,000

| （減価償却費） | 20,000 | （建物減価償却累計額） | 20,000 |

[損益計算書]

減価償却費：¥80,000 + ¥20,000 = ¥100,000
        車両運搬具　　建物

貸借対照表

減価償却累計額（建物）：¥200,000 ＋ ¥20,000
＝ ¥220,000

6．備品の減価償却

問題文の指示通り、決算整理前残高試算表の金額をそのまま貸借対照表へ記載します。

貸借対照表

備品：¥450,000
減価償却累計額（備品）：¥449,999

7．水道光熱費の未払計上

未払額を計上します。

（水道光熱費） 7,000 （未払水道光熱費） 7,000

損益計算書

水道光熱費：¥75,000 ＋ ¥7,000 ＝ ¥82,000

貸借対照表

（未払）費用：¥7,000

ここに注意

・未払水道光熱費は、「未払費用」として貸借対照表に記載します。

8．支払利息の前払い

前払額を計上します。

（前払利息） 2,000 （支払利息） 2,000

損益計算書

支払利息：¥10,000 － ¥2,000 ＝ ¥8,000

貸借対照表

（前払）費用：¥2,000

ここに注意

・前払利息は、「前払費用」として貸借対照表に記載します。

9．受取地代の前受け

前受額を計上します。

¥520,000 ÷ 13か月 ＝ ¥40,000

（受取地代） 40,000 （前受地代） 40,000

損益計算書

受取地代：¥520,000 － ¥40,000 ＝ ¥480,000

貸借対照表

前受収益：¥40,000

ここに注意

・前受地代は、「前受収益」として貸借対照表に記載します。

10．法人税等

法人税、住民税及び事業税と仮払法人税等との差額を「未払法人税等」として計上します。

（法人税、住民税及び事業税） 67,500 （仮払法人税等） 30,000
（未払法人税等） 37,500

損益計算書

法人税、住民税及び事業税：¥67,500

貸借対照表

未払法人税等：¥67,500 － ¥30,000
＝ ¥37,500

決算整理事項等の処理において、金額の増減がなかった項目については、決算整理前残高試算表の金額を損益計算書または貸借対照表に記載します。

3．当期純利益の計算

損益計算書の貸借差額が当期純利益となります。

損益計算書：¥5,262,000 － ¥5,104,500
収益合計 費用合計
＝ ¥157,500

損益計算書

当期純（利益）：¥157,500

4．当期純利益の振替

貸借対照表の繰越利益剰余金は、決算整理前残高試算表の金額に当期純利益（または当期純損失）の金額を加減した金額となります。

（損 益）157,500 （繰越利益剰余金）157,500

貸借対照表

繰越利益剰余金：¥1,122,701 ＋ ¥157,500
＝ ¥1,280,201

第 2 回　本試験形式【解答・解説】

解答　第1問　仕　訳　➡ 問題102ページ

	仕			訳			
	借　方　科　目		金　額	貸　方　科　目			金　額
1	電 子 記 録 債 権	ア	500,000	売　　掛　　金	イ		500,000
2	現　　　　　　金	ア	7,600	売　　　　　上	オ		16,000
	受 取 商 品 券	イ	10,000	仮 受 消 費 税	エ		1,600
3	消 耗 品 費	カ	28,000	未　　払　　金	エ		28,000
4	受 取 利 息	オ	36,000	未 収 利 息	イ		36,000
5	旅 費 交 通 費	カ	45,000	仮　　払　　金	イ		30,000
				未　　払　　金	ウ		15,000
6	租 税 公 課	オ	8,000	現　　　　　金	ア		8,000
7	当 座 預 金	イ	4,920,000	手 形 借 入 金	エ		5,000,000
	支 払 利 息	カ	80,000				
8	普 通 預 金	イ	5,000,000	資　　本　　金	エ		5,000,000
9	クレジット売掛金	ア	570,000	売　　　　　上	ウ		600,000
	支 払 手 数 料	カ	30,000				
10	社会保険料預り金	エ	45,000	普 通 預 金	ア		90,000
	法 定 福 利 費	カ	45,000				
11	支 払 家 賃	オ	200,000	現　　　　　金	ア		800,000
	差 入 保 証 金	イ	400,000				
	支 払 手 数 料	カ	200,000				
12	普 通 預 金	イ	1,500,000	資　　本　　金	エ		1,500,000
13	売　　掛　　金	ア	270,000	売　　　　　上	オ		270,000
14	前　　受　　金	エ	200,000	売　　掛　　金	ア		800,000
	貸 倒 損 失	カ	600,000				
15	備品減価償却累計額	エ	561,000	備　　　　　品	ウ		660,000
	現　　　　　金	ア	3,000				
	固 定 資 産 売 却 損	カ	96,000				

＊勘定科目は**記号**での**解答**となります。参考として、勘定科目も記入しています。

解説

1. 電子記録債権
売掛金の決済として、電子記録債権が発生しています。

2. 売上時の処理・商品券
受取商品券：$\underline{¥16,000} + \underline{¥1,600} - \underline{¥7,600} = ¥10,000$
　　　　　　合計額　　　　　　現金

3. 消耗品の購入
営業目的（商品売買）以外の未払いは「未払金」で処理します。

4. 再振替仕訳
前期の決算時の仕訳
（借）未収利息　36,000　　（貸）受取利息　36,000

5. 旅費の精算
旅費交通費：$\underline{¥30,000} + \underline{¥15,000} = ¥45,000$
　　　　　　仮払金　　　　仮払金

6. 収入印紙の購入
収入印紙の購入時に費用計上し、「租税公課」で処理します。

7. 手形借入金
手形を振り出して借り入れたときは「手形借入金」で処理します。
当座預金：$¥5,000,000 - ¥80,000 = ¥4,920,000$

8. 株式の発行（増資時）
資本金：$@¥50,000 \times 100株 = ¥5,000,000$

9. クレジット売掛金
クレジット手数料を差し引いた金額を「クレジット売掛金」で処理します。
支払手数料：$¥600,000 \times 5\% = ¥30,000$
クレジット売掛金：$¥600,000 - ¥30,000 = ¥570,000$

10. 社会保険料預り金
健康保険料の会社負担分は「法定福利費」で処理します。
法定福利費：$¥90,000 - ¥45,000 = ¥45,000$

11. 差入保証金
敷金は「差入保証金」、仲介手数料は「支払手数料」で処理します。
差入保証金：$¥200,000 \times 2か月 = ¥400,000$
現　　　金：$¥200,000 + ¥400,000 + ¥200,000 = ¥800,000$

12. 株式の発行（設立時）
資本金：$@¥100,000 \times 15株 = ¥1,500,000$

タテ解き
解　答

第1回

第2回

第3回

13. 請求書の発送時の処理

「月末締め、翌月20日払い」とあり、請求書の発送時なので、掛け取引と判断します。

14. 貸倒れの処理

手付金を受け取ったときの仕訳

（借）現 金 等　200,000　（貸）前受金　200,000

貸倒損失：¥800,000 − ¥200,000 ＝ ¥600,000

15. 有形固定資産の売却

売却価額：¥3,000

帳簿価額：¥660,000 − ¥561,000 ＝ ¥99,000

売却損益：¥3,000 − ¥99,000 ＝ △¥96,000（損）

解 答 ▶ 第2問 (1)勘定記入(第156回第2問) ➡ 問題105ページ

問1

借 方 科 目	金 額	貸 方 科 目	金 額
繰 越 利 益 剰 余 金	350,000	損 益	350,000

問2

①	②	③	④
利益準備金	次期繰越	3,140,000	1,650,000

ここに注意

予想配点 | 問1 仕訳1組につき2点。
問2 各2点 合計10点。

・当期純損失→繰越利益剰余金の借方へ振替
・繰越利益剰余金の配当時には、利益準備金を積み立てる。

解 説

　純損益の振替仕訳と繰越利益剰余金勘定の記入が問われています。各年度の仕訳を行い、繰越利益剰余金の次期繰越高を正確に把握する必要があります。なお、仕訳は第2期、勘定記入は第3期について問われている点に注意しましょう。

第1期
×3年3月31日（当期純利益の計上）
当期純利益（損益勘定の**貸方残高**）を繰越利益剰余金の**貸方**へと振り替えます。
　（借）損　　　　　　　益　2,000,000　（貸）繰 越 利 益 剰 余 金　2,000,000

繰越利益剰余金（第1期）
3/31	次 期 繰 越	2,000,000	3/31	損	益	2,000,000

第2期
×4年3月31日（当期純損失の計上）
当期純損失（損益勘定の**借方残高**）を繰越利益剰余金の**借方**へと振り替えます。
　（借）繰 越 利 益 剰 余 金　350,000　（貸）損　　　　　　　益　350,000

繰越利益剰余金（第2期）
3/31	損	益	350,000	4/1	前 期 繰 越	2,000,000
〃	次 期 繰 越		1,650,000			
			2,000,000			2,000,000

第3期

×4年6月25日（配当決議時）

繰越利益剰余金からの配当に伴い、**利益準備金**を積み立てます。

（借）	繰 越 利 益 剰 余 金	110,000	（貸）	未 払 配 当 金	100,000
				利 益 準 備 金	10,000

×4年6月28日（配当時）

（借）	未 払 配 当 金	100,000	（貸）	普 通 預 金	100,000

×5年3月31日（当期純利益の計上）

（借）	損 益	1,600,000	（貸）	繰 越 利 益 剰 余 金	1,600,000

繰越利益剰余金（第3期）

6/25 未 払 配 当 金	100,000		4/1 前 期 繰 越	（④	1,650,000 ）
〃 （① 利益準備金 ）	10,000		3/31 （損 益）	（	1,600,000 ）
3/31 （② 次 期 繰 越 ）（③	3,140,000 ）				
（	3,250,000 ）			（	3,250,000 ）

①	②	③	④	⑤
仕　　入	400,000	出　　金	発 送 費	550,000

 ここに注意

予想配点　1つにつき2点。合計10点。

・取引の内容から伝票名を推定する。
・すでに記入されている勘定科目に着目する。

解 説

取引の仕訳を考え、空欄①から⑤にあてはまる適切な語句または金額を答えます。

(1)

取引の仕訳

（仕　　　　入）400,000（現　　　　金）100,000
　　　　　　　　　　　　（買　掛　金）300,000

代金の一部を現金で支払っていることから、空欄の伝票名は「**出金伝票**」と分かります。また、出金伝票の相手勘定科目が「買掛金」と記入されていることから、**取引を擬制して起票する方法**を用いていると判断できます。

いったん、全額を掛で仕入れて、

（仕　　　　入）400,000（買　掛　金）400,000

振　替　伝　票			
借方科目	金　額	貸方科目	金　額
① 仕　　入	400,000	買　掛　金	②400,000

すぐに掛代金の一部を現金で支払ったと考えます。

（買　掛　金）100,000（現　　　　金）100,000

出　金　伝　票	
科　　目	金　額
買　掛　金	100,000

(2)

取引の仕訳

（売　掛　金）550,000（売　　　　上）550,000
（発　送　費）　4,000（現　　　　金）　4,000

当社負担の送料を現金で支払っていることから、空欄の伝票名は「**③出金伝票**」と分かります。また、発送費は当社の費用として処理するため、出金伝票の相手勘定科目は「**④発送費**」となります。

掛けによる売上げ

（売　掛　金）550,000（売　　　　上）550,000

振　替　伝　票			
借方科目	金　額	貸方科目	金　額
売　掛　金	550,000	売　　　上	⑤550,000

当社負担の発送費の現金での支払い

（発　送　費）4,000（現　　　　金）　4,000

③出　金　伝　票	
科　　　目	金　額
④ 発　送　費	4,000

タテ解き解答

第1回

第2回

第3回

精 算 表

勘 定 科 目	残高試算表 借 方	残高試算表 貸 方	修 正 記 入 借 方	修 正 記 入 貸 方	損益計算書 借 方	損益計算書 貸 方	貸借対照表 借 方	貸借対照表 貸 方
現　　　　　金	280,000						280,000	
小 口 現 金	35,000			8,100			26,900	
普 通 預 金	275,000						275,000	
受 取 手 形	420,000						420,000	
売 掛 金	300,000						300,000	
繰 越 商 品	480,000		330,000	480,000			330,000	
建　　　　物	800,000						800,000	
備　　　　品	750,000						750,000	
土　　　　地	2,400,000			1,200,000			1,200,000	
買 掛 金		450,000	70,000					380,000
手 形 借 入 金		1,000,000						1,000,000
仮 受 金		1,300,000	1,300,000					
貸 倒 引 当 金		10,000		4,400				14,400
建物減価償却累計額		390,000		30,000				420,000
備品減価償却累計額		300,000		150,000				450,000
資 本 金		1,150,000						1,150,000
繰越利益剰余金		200,000						200,000
売　　　　上		6,500,000				6,500,000		
仕　　　　入	4,410,000		480,000	70,000	4,490,000			
				330,000				
給　　　　料	645,000				645,000			
旅 費 交 通 費	80,000		4,500		84,500			
保 険 料	300,000			75,000	225,000			
消 耗 品 費	80,000		3,600		83,600			
支 払 利 息	45,000			37,500	7,500			
	11,300,000	11,300,000						
固定資産売却（益）				100,000		100,000		
貸倒引当金繰入			4,400		4,400			
減 価 償 却 費			180,000		180,000			
法 人 税 等			264,000		264,000			
未 収 入 金			75,000				75,000	
（前 払）利 息			37,500				37,500	
未 払 法 人 税 等				264,000				264,000
当期純（利 益）					616,000			616,000
			2,749,000	2,749,000	6,600,000	6,600,000	4,494,400	4,494,400

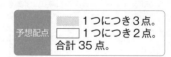

予想配点　■ 1つにつき3点。 □ 1つにつき2点。 合計35点。

解 説 ▶

決算整理事項等

1．掛けで仕入れた商品の返品（未記帳）

掛代金から差し引くので、「買掛金」の減少となります。

（買 掛 金）70,000 （仕 入）70,000

2．小口現金の処理（未記帳）

補給は翌期に行うので、「小口現金」の減少として処理します。なお、使用済みの文房具の金額は、「消耗品費」で処理します。

| （消 耗 品 費） | 3,600 | （小 口 現 金） | 8,100 |
| （旅 費 交 通 費） | 4,500 | | |

3．仮受金の処理

残高試算表欄の土地の半額分：
$$¥2,400,000 ÷ 2 = ¥1,200,000$$

売却代金：¥1,300,000

売却損益：¥1,300,000 − ¥1,200,000
$$= ¥100,000（売却益）$$

| （仮 受 金）1,300,000 | （土 地）1,200,000 |
| | （固定資産売却益） 100,000 |

4．保険料の返金

当期の8月1日に向こう1年分を支払い、3月1日以降の保険料が月割で返金されるので、5か月（3月〜7月）分の保険料が返金されます。そのため、5か月分の「保険料」を減少させます。

$$¥180,000 × \frac{5か月}{12か月} = ¥75,000$$

（未 収 入 金）75,000 （保 険 料）75,000

5．貸倒引当金

$$\underset{受取手形}{¥420,000} + \underset{売掛金}{¥300,000} = ¥720,000$$

設定額：720,000 × 2％ = ¥14,400

貸倒引当金の残高：¥10,000

貸倒引当金繰入：¥14,400 − ¥10,000 = ¥4,400

（貸倒引当金繰入） 4,400 （貸倒引当金） 4,400

6．売上原価の算定

売上原価は「仕入」の行で計算します。なお、商品の返品の処理を行っているので、当期商品仕入高が減少していることに注意しましょう。

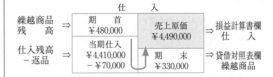

| （仕 入）480,000 | （繰 越 商 品）480,000 |
| （繰 越 商 品）330,000 | （仕 入）330,000 |

> ⚠ ここに注意
>
> ・売上原価
> ＝期首商品棚卸高＋当期商品仕入高−期末商品棚卸高

7．減価償却

建物：¥800,000 × 0.9 ÷ 24年 = ¥30,000

備品：¥750,000 ÷ 5年 = ¥150,000

減価償却費：¥30,000 + ¥150,000 = ¥180,000

| （減価償却費）180,000 | （建物減価償却累計額） 30,000 |
| | （備品減価償却累計額）150,000 |

> ⚠ ここに注意
>
> ・建物：残存価額は取得原価の10％
> ・備品：残存価額ゼロ

8．利息の前払い

当期の2月1日の借入れのさい、1年分の利息を計上しているので、10か月（4月〜翌年1月）分を前払計上します。

$$前払利息：¥1,000,000 × 4.5\% × \frac{10か月}{12か月}$$
$$= ¥37,500$$

（前 払 利 息）37,500 （支 払 利 息）37,500

タテ解き
解 答

第1回

第2回

第3回

9．未払法人税等

中間納付をしていないので、法人税等の金額は¥264,000となります。

（法 人 税 等）264,000 （未払法人税等）264,000

当期純利益の計算

損益計算書欄または貸借対照表欄の貸借差額が当期純利益となります。

損益計算書欄：$\underset{\text{収益合計}}{¥6,600,000} - \underset{\text{費用合計}}{¥5,984,000}$

$= ¥616,000$

貸借対照表欄：$\underset{\text{資産合計}}{¥4,494,400} - \underset{\text{負債・資本合計}}{¥3,878,400}$

$= ¥616,000$

第 **3** 回　本試験形式【解答・解説】

➡ 問題108ページ

解答 ▶ **第1問 仕 訳**

	仕 訳						
	借　方　科　目		金　額	貸　方　科　目		金　額	
1	備品減価償却累計額	エ	300,000	備　　　　　品	ウ	400,000	
	未　収　入　金	イ	20,000				
	固 定 資 産 売 却 損	カ	80,000				
2	旅　費　交　通　費	エ	7,000	受　取　手　数　料	イ	15,000	
	現　金　過　不　足	カ	10,000	雑　　　　　益	ウ	2,000	
3	通　　信　　費	オ	5,000	貯　　蔵　　品	イ	5,000	
4	未　払　消　費　税	カ	300,000	普　通　預　金	イ	300,000	
5	前　　受　　金	エ	600,000	売　　　　　上	オ	3,000,000	
	売　　掛　　金	イ	2,400,000				
	発　　送　　費	カ	20,000	現　　　　　金	ア	20,000	
6	手　形　貸　付　金	ウ	600,000	普　通　預　金	ア	594,000	
				受　取　利　息	オ	6,000	
7	給　　　　　料	オ	1,000,000	所 得 税 預 り 金	ウ	70,000	
				社 会 保 険 料 預 り 金	エ	90,000	
				普　通　預　金	ア	840,000	
8	繰 越 利 益 剰 余 金	オ	330,000	未　払　配　当　金	ウカ	300,000	
				利　益　準　備　金	ウカ	30,000	
9	仮　払　法　人　税　等	エ	850,000	現　　　　　金	ア	850,000	
10	買　　掛　　金	オ	500,000	売　　掛　　金	ウイ	100,000	
				当　座　預　金	ウイ	400,000	
11	損　　　　　益	カ	2,800,000	仕　　　　　入	オ	2,800,000	
12	借　　入　　金	エ	200,000	普　通　預　金	ア	203,000	
	支　払　利　息	カ	3,000				
13	クレジット売掛金	イ	21,000	売　　　　　上	オ	64,000	
	現　　　　　金	ア	49,400	仮　受　消　費　税	エ	6,400	
14	売　　　　　上	オ	100,000	売　　掛　　金	ウ	100,000	
15	旅　費　交　通　費	オ	11,800	未　払　金	ウ	11,800	

＊勘定科目は**記号**での**解答**となります。参考として、勘定科目も記入しています。

予想配点　仕訳1組につき3点。合計45点。

1. 有形固定資産の売却

営業目的(商品売買)以外の未収は「未収入金」で処理します。

売却価額：￥20,000

帳簿価額：￥400,000 − ￥300,000 ＝ ￥100,000

売却損益：￥20,000 − ￥100,000 ＝ △￥80,000(損)

2. 現金過不足

「帳簿有高＜実際残高」なので、現金過剰として「現金過不足」を貸方計上しています。

貸借差額を貸方に計上するので、「雑益」で処理します。

3. 再振替仕訳

前期の決算時の仕訳

(借)貯蔵品　5,000　(貸)通信費　5,000

4. 消費税

科目が「消費税及び地方消費税」、納期等の区分が「確定申告」なので、確定申告時の消費税の納付と判断します。

5. 売上時の処理

売掛金：￥3,000,000 − ￥600,000 ＋ ￥20,000 ＝ ￥2,420,000
　　　　　販売額　　　　手付金　　　発送費

6. 手形貸付金

手形を受け取って貸し付けたときは「手形貸付金」で処理します。

普通預金：￥600,000 − ￥6,000 ＝ ￥594,000

7. 給料の支払い

普通預金：￥1,000,000 − ￥70,000 − ￥90,000 ＝ ￥840,000

8. 繰越利益剰余金の処分

繰越利益剰余金：￥300,000 ＋ ￥30,000 ＝ ￥330,000

9. 中間申告時の処理(法人税等)

仮払法人税等：￥500,000 ＋ ￥230,000 ＋ ￥120,000 ＝ ￥850,000

10. 買掛金と売掛金の決済

仙台商店に対して、商品の販売および仕入を行っていることになります。

11. 損益勘定への振替え

仕入勘定は借方残高になるので、損益勘定の借方に振り替えます。

12. 借入金の返済

支払利息：$￥1,000,000 \times 3.65\% \times \dfrac{30日}{365日} = ￥3,000$

普通預金：￥200,000 ＋ ￥3,000 ＝ ￥203,000

13. 売上集計表

クレジットカードによる決済額は「クレジット売掛金」で処理します。

売上：¥20,000 + ¥24,000 + ¥20,000 = ¥64,000

現金：¥70,400 − ¥21,000 = ¥49,400

14. 訂正仕訳

誤って売上に計上していたので、「売上」を取り消し、「売掛金」の減少として処理します。

15. 旅費の精算

営業目的（商品売買）以外の未払いなので、「未払金」で処理します。

タテ解き
解　答

第1回

第2回

第3回

備　　　品

日　付			摘　　要	借　　方	日　付			摘　　要	貸　　方
×4	4	1	前 期 繰 越	(① 1,827,000)	×5	3	31	次 期 繰 越	(2,952,000)
	6	1	普 通 預 金	(② 1,125,000)					
				(2,952,000)					(2,952,000)

備品減価償却累計額

日　付			摘　　要	借　　方	日　付			摘　　要	貸　　方
×5	3	31	次 期 繰 越	(932,250)	×4	4	1	前 期 繰 越	(③ 488,250)
					×5	3	31	(④ 減 価 償 却 費)	(⑤ 444,000)
				(932,250)					(932,250)

＊　上記の○番号は、解説の番号と対応しています。

予想配点　□ 1つにつき2点。
合計 10 点。

解説

1．各備品の状況の確認

　　各勘定の日付欄より、当期は×4年4月1日から×5年3月31日までとわかります。

　　備品Ⅰと備品Ⅱは取得年月日より、当期以前に取得したものとわかるので、各備品の取得日から前期末までの経過月数を確認します。

　　備品Ⅲは取得年月日より、当期に取得したものとわかるので、当期の経過月数を確認します。

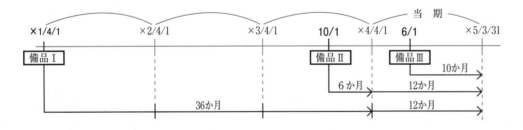

　　1か月あたりの減価償却費
　　　備品Ⅰ：￥1,152,000÷96か月＝￥12,000　　　耐用年数8年 → 96か月
　　　備品Ⅱ：￥ 675,000÷72か月＝￥ 9,375　　　耐用年数6年 → 72か月
　　　備品Ⅲ：￥1,125,000÷60か月＝￥18,750　　　耐用年数5年 → 60か月

2. 各勘定における金額の推定

① 備品の前期繰越額となるので、[備品Ⅰ]と[備品Ⅱ]の取得原価の合計となります。

$$\underset{\text{備品Ⅰ}}{¥1,152,000} + \underset{\text{備品Ⅱ}}{¥675,000} = ¥1,827,000$$

② 固定資産台帳より、[備品Ⅲ]の取得原価の金額となります。

¥1,125,000

③ 備品減価償却累計額の前期繰越額となるので、[備品Ⅰ]と[備品Ⅱ]の期首減価償却累計額の合計となります。

$$\underset{\text{備品Ⅰ}}{¥432,000} + \underset{\text{備品Ⅱ}}{¥56,250} = ¥488,250$$

④ 備品減価償却累計額の相手勘定科目となるので、**減価償却費**となります。

⑤ 当期の[備品Ⅰ]、[備品Ⅱ]、[備品Ⅲ]の減価償却費の合計となります。なお、[備品Ⅲ]は、当期の6月1日に取得しているので、10か月分を計上することになります。

$$\underset{\text{備品Ⅰ}}{¥12,000 × 12か月} + \underset{\text{備品Ⅱ}}{¥9,375 × 12か月} + \underset{\text{備品Ⅲ}}{¥18,750 × 10か月} = ¥444,000$$

タテ解き
解 答

第1回

第2回

第3回

①	②	③	④	⑤
キ	エ	サ	ケ	カ

ここに注意

予想配点 1つにつき2点。合計10点。

・建物の機能が向上して価値が増加 →「建物」で処理する

解 説

　語群選択の問題です。語句を記入するのではなく、ア～シの記号で答えるので注意しましょう。
　語句を記入した文章は次のとおりになります。

1．貸倒引当金は受取手形や売掛金に対する（①**評　価**）勘定である。
2．買掛金元帳は、仕入先ごとの買掛金の増減を記録する（②**補助簿**）である。
3．建物の修繕によってその機能が向上し価値が増加した場合、（③**建　物**）勘定で処理する。
4．3伝票制を採用している場合、入金伝票と出金伝票の他に、通常（④**振　替**）伝票が用いられる。
5．商品有高帳の払出欄の単価欄には商品の（⑤**原　価**）が記入される。

解 答　　第3問　後T/B(第156回第5問)　　➡ 問題113ページ

問1

決算整理後残高試算表

借　　　方	勘　定　科　目	貸　　　方
2,129,000	現　　　　　　　金	
4,615,000	普　通　預　金	
6,435,000	売　　掛　　金	
1,765,000	繰　越　商　品	
400,000	（ 前　払 ）家　賃	
4,500,000	備　　　　　品	
3,000,000	貸　　付　　金	
	買　　掛　　金	4,620,000
	未　　払　　金	10,000
	（ 未　払 ）消　費　税	1,653,000
	未　払　法　人　税　等	200,000
	（ 前　受 ）利　　息	60,000
	貸　倒　引　当　金	64,350
	借　　入　　金	1,000,000
	備品減価償却累計額	1,800,000
	資　　本　　金	10,000,000
	繰　越　利　益　剰　余　金	2,109,000
	売　　　　　上	41,280,000
	受　取　利　息	30,000
	（ 償　却　債　権　取　立　益 ）	35,000
24,785,000	仕　　　　　入	
145,000	発　　送　　費	
2,400,000	支　払　家　賃	
350,000	租　税　公　課	
12,350	貸　倒　引　当　金　繰　入	
450,000	減　価　償　却　費	
11,025,000	そ　の　他　の　費　用	
850,000	法　人　税　等	
62,861,350		62,861,350

問2　¥（　　1,327,650　　）

タテ解き
解　答

第1回

第2回

第3回

予想配点　　▨ 1つにつき3点。　　□ 1つにつき2点。　合計 35点。

1．問題を解くための準備

解答の流れ

　(1)決算整理前残高試算表の金額に、(2)決算整理事項等で処理した金額を加減して、決算整理後残高試算表に記入していきます。

解き方

　(2)決算整理事項等の処理を行い、これ以上、**金額の増減がない**と判断できたら、決算整理前残高試算表の金額に加減して、答案用紙に記入していきましょう。

2．決算整理事項等の処理

1．仮受金の処理

　過年度に償却済みの売掛金を回収した場合には、償却債権取立益として収益計上します。

　（仮　受　金）35,000　（償却債権取立益）35,000

　（償却債権取立益）：¥35,000

2．発送費の処理

　発送費の相手勘定は、特に指示はありませんが「未払金」で処理するものと判断します。決算整理前残高試算表にはなく答案用紙にはあること、本取引以外で生じる取引はないことから、未払金勘定で処理することが適切と考えられます。

　（発　送　費）10,000　（未　払　金）10,000

　発送費：¥135,000＋¥10,000＝¥145,000

　未払金：¥10,000

3．貸倒引当金の設定（差額補充法）

　設定額

　　¥6,435,000×1％＝¥64,350

　繰入額

　　¥64,350－¥52,000＝¥12,350

　（貸倒引当金繰入）12,350　（貸倒引当金）12,350

　貸倒引当金繰入：¥12,350

　貸倒引当金：¥52,000＋¥12,350＝¥64,350

4．売上原価の算定

　ボックス図を作成し、貸借差額により売上原価を計算します（仕入勘定で算定）。

（右段）

　（仕　　　入）1,800,000　（繰 越 商 品）1,800,000
　（繰 越 商 品）1,765,000　（仕　　　入）1,765,000

　仕入：¥1,800,000＋¥24,750,000－¥1,765,000
　　　　＝¥24,785,000

　繰越商品：¥1,765,000

> **！ここに注意**
>
> ・売上原価
> 　＝期首商品棚卸高＋当期商品仕入高－期末商品棚卸高

5．減価償却

　備品：¥4,500,000÷10年＝¥450,000

　（減価償却費）450,000　（備品減価償却累計額）450,000

　減価償却費：¥450,000

　備品減価償却累計額：¥1,350,000＋¥450,000
　　　　　　　　　　　＝¥1,800,000

6．消費税の処理

　仮受消費税と仮払消費税との差額を「未払消費税」で処理します。

　未払消費税：¥4,128,000－¥2,475,000
　　　　　　　　仮受消費税　　仮払消費税

　　　　　　　＝¥1,653,000

　（仮受消費税）4,128,000　（仮払消費税）2,475,000
　　　　　　　　　　　　　　（未払消費税）1,653,000

　（未払）消費税：¥1,653,000

7. 利息の前受計上

貸付時に１年分の利息を計上しています。

¥3,000,000 × ３ ％ ＝ ¥90,000（１年分の利息）

処理済

（貸　付　金）3,000,000　（現 金 な ど）2,910,000
　　　　　　　　　　　　　（受 取 利 息）　90,000

そのため、次期の収益となる４月から11月までの８か月分の利息を前受計上します。

前受利息：$¥90,000 × \dfrac{８か月}{12か月} ＝ ¥60,000$

（受 取 利 息）60,000　（前 受 利 息）60,000

受取利息：¥90,000 － ¥60,000 ＝ ¥30,000

（**前受**）利息：¥60,000

8. 仮払金の処理

次期の費用とするため、２か月分（×8年４月分と５月分）の家賃を前払い計上します。

（前 払 家 賃）400,000　（仮 　 払 　 金）400,000

（**前払**）家賃：¥400,000

9. 未払法人税等の計上

法人税等と仮払法人税等との差額を「未払法人税等」で処理します。

未払法人税等：$\underset{\text{法人税等}}{¥850,000} － \underset{\text{仮払法人税等}}{¥650,000}$

　　　　　　 ＝ ¥200,000

（法 人 税 等）850,000　（仮払法人税等）650,000
　　　　　　　　　　　　　（未払法人税等）200,000

法人税等：¥850,000

未払法人税等：¥200,000

決算整理事項等の処理において、金額の増減がなかった項目については、決算整理前残高試算表の金額を決算整理後残高試算表に記載します。

3. 当期純損益の計算

決算整理後残高試算表の収益と費用（売上勘定以下の勘定科目）から当期純損益を計算します。本解説では、損益勘定を作成して計算します。

当期純損益：$\underset{\text{収益合計}}{¥41,345,000} － \underset{\text{費用合計}}{¥40,017,350} ＝ ¥1,327,650$（純利益）

タテ解き
解　答

第１回

第２回

第３回

	損		益	
3/31	仕　　　　　入	24,785,000	3/31　売　　　　　上	41,280,000
〃	発　送　費	145,000	〃　受 取 利 息	30,000
〃	支 払 家 賃	2,400,000	〃　償却債権取立益	35,000
〃	租 税 公 課	350,000		
〃	貸倒引当金繰入	12,350		
〃	減 価 償 却 費	450,000		
〃	その他の費用	11,025,000		
〃	法 人 税 等	850,000		
〃	繰越利益剰余金	1,327,650		
		41,345,000		41,345,000

ネットスクールは、
書籍と WEB 講座であなたのスキルアップ、キャリアアップを応援します！
挑戦資格と自分の学習スタイルに合わせて効果的な学習方法を選びましょう！

独学合格に強い ネットスクールの 書籍

図表やイラストを多用し、特に独学での合格をモットーにした『とおる簿記シリーズ』をはじめ、受講生の皆様からの要望から作られた『サクッとシリーズ』、持ち運びが便利なコンパクトサイズで仕訳をマスターできる『脳科学×仕訳集シリーズ』など、バラエティに富んだシリーズを取り揃えています。

質問しやすい！わかりやすい！学びやすい!! ネットスクールの WEB講座

ネットスクールの講座はインターネットで受講する WEB 講座。 質問しやすい環境と徹底したサポート体制、そしてライブ（生）とオンデマンド（録画）の充実した講義で合格に近づこう！

ネットスクールのWEB講座、4つのポイント！

1 自宅で、外出先で受講できる！
パソコン、スマートフォンやタブレット端末とインターネット環境があれば、自宅でも会社でも受講できます。

2 ライブ配信講義はチャットで質問できる！
決まった曜日・時間にリアルタイムで講義を行うライブ講義では、チャットを使って講師に直接、質問や相談といったコミュニケーションが取れます。

3 自分のペースでできる
オンデマンド講義は配信され、受講期間中なら何度でも繰り返し受講できます。リアルタイムで受講できなかったライブ講義も翌日以降に見直せるので、復習にも最適です。

4 質問サポートもばっちり！
電話（平日 11:00 ～ 18:00）や受講生専用 SNS【学び舎】*またはメールでご質問をお受けします。

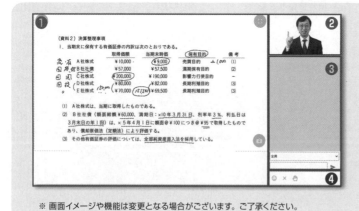

※ 画面イメージや機能は変更となる場合がございます。ご了承ください。

1 ホワイトボード
板書画面です。あらかじめ準備された「まとめ画面」や「資料画面」に講師が書き込んでいきます。画面キャプチャも可能です。

2 講師画面
講師が直接講義をします。臨場感あふれる画面です。

3 チャット
講義中に講師へ質問できます。また、「今のところもう一度説明して！」などのご要望もOKです。

4 状況報告ボタン
ご自身の理解状況を講義中に講師に伝えることができるボタンです。

＊【学び舎】とは、受講生同士の「コミュニケーション」機能、学習記録や最近の出来事等を投稿・閲覧・コメントできる「学習ブログ」機能、学習上の不安点をご質問頂ける「質問Q＆A」機能等を備えた、学習面での不安解消、モチベーションアップ（維持）の場として活用頂くための、ネットスクールのWEB講座受講生専用SNSです。

WEB 講座開講資格：https://www.net-school.co.jp/web-school/
※ 内容は変更となる場合がございます。最新の情報は弊社ホームページにてご確認ください。

"講師がちゃんと教える" だから学びやすい！分かりやすい！

ネットスクールの税理士WEB講座

【開講科目】 簿記論、財務諸表論、法人税法、消費税法、相続税法、国税徴収法

ネットスクールの税理士 WEB 講座の特長

◆自宅で学べる！ オンライン受講システム

臨場感のある講義をご自宅で受講できます。しかも、生配信の際には、チャットやアンケート機能を使った講師とのコミュニケーションをとりながらの授業となります。もちろん、講義は受講期間内であればお好きな時に何度でも講義を見直すことも可能です。

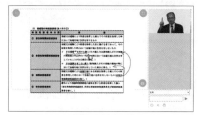

▲講義画面イメージ▲

★講義はダウンロード可能です★

オンデマンド配信されている講義は、お使いのスマートフォン・タブレット端末にダウンロードして受講することができます。事前に Wi-Fi 環境のある場所でダウンロードしておけば、通信料や通信速度を気にせず、外出先のスキマ時間の学習も可能です。

※講義をダウンロードできるのはスマートフォン・タブレット端末のみです。
※一度ダウンロードした講義の保存期間は 1 か月間ですが、受講期間内であれば、再度ダウンロードして頂くことは可能です。

ネットスクール税理士 WEB 講座の満足度

◆受講生からも高い評価をいただいております

WEB講座 81.3%

- ▶ネットスクールは時間のとれない社会人にはありがたいです。受講料が割安なのも助かっております。これからもネットスクールで学びたいです。（簿財／標準コース）
- ▶アットホームな感じで大手予備校にはない良さを感じましたし、受験生としっかり向き合って指導して頂けて感謝しています。（相続・消費／上級コース）
- ▶質問事項や添削のレスポンスも早く対応して下さり、大変感謝しております。（相続／上級コース）
- ▶講義が 1 コマ 30 分程度と短かったので、空き時間等を利用して自分のペースで効率よく学習を進めることができました。（国徴／標準コース）

教材 84.1%

- ▶解く問題がたくさんあるので、たくさん練習できて解説や講義もわかりやすくて満足しています。（簿財／上級コース）
- ▶テキストが読みやすく、側注による補足説明があって理解しやすかったです。（全科目共通）

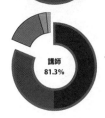

講師 81.3%

- ▶穂坂先生の講義は、受験生に「丸暗記よろしく」という突き放し方をすることなく、理論の受験対策として最高でした。（簿財／標準コース）
- ▶講師の説明が非常に分かりやすいです。（相続・消費／標準コース）
- ▶堀川先生の授業はとても面白いです。印象に残るお話をからめて授業を進めて下さるので、記憶に残りやすいです。（国徴／標準コース）
- ▶田中先生の熱意に引っ張られて、ここまで努力できました。（法人／標準コース）

※ 2019 ～ 2022 年度試験向け税理士 WEB 講座受講生アンケート結果より

各項目について 5 段階評価
不満 ◀ | 1 | 2 | 3 | 4 | 5 | ▶ 満足

税理士 WEB 講座の詳細はホームページへ **ネットスクール株式会社 税理士 WEB 講座**

https://www.net-school.co.jp/

ネットスクール 税理士講座 | 検索

※税理士講座の最新情報は、ホームページ等をご確認ください。

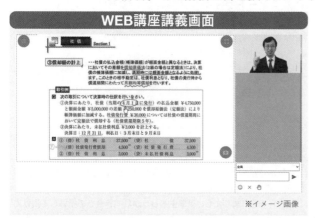

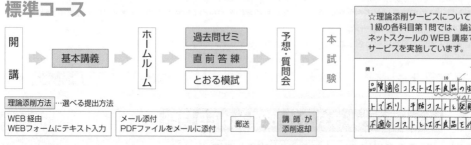

全経税法能力検定試験対策講座

ネットスクールでは、本書籍を使用して公益社団法人「全国経理教育協会」が実施する税法能力検定試験3級／2級対策講座をモバイルスクールにて開講します。本書籍とネットスクールが開講する講座を活用して、資格取得を目指してください。

講義回数及び受講料

講　座	講義回数	模擬試験	受講料
法人税法 3級／2級対策	全28回	全2回	各講座 10,000円 (税込)
相続税法 3級／2級対策	全28回	全2回	
消費税法 3級／2級対策	全22回	全2回	

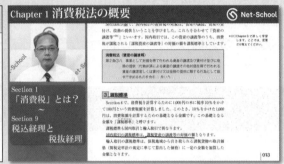

講義画面 (イメージ)

講座の特長

特長1 スマホ・タブレットでも視聴できるから場所を選ばない

学校に通ったり、机に向かったりするだけが勉強のやり方ではありません。モバイルスクールであれば、お手持ちのパソコンやスマホ・タブレットがあなただけの教室・問題集になります。

特長2 集中力が維持できる講義時間

1回当たりの講義時間が約45分と集中力が維持できる講義時間となっています。また、学習経験が無い方でも無理なく2級合格ができるカリキュラムとなっています。

特長3 経理担当者としてのスキルアップ

税務署への書類作成、実務での応用的税務処理など、経理担当者としてのスキルアップとして、また、税理士試験受験前の基礎学力確認等にも活用することができます。

詳しい内容・お申込みはこちら

https://tlp.edulio.com/net-school2/cart/index/tab:1198

視聴にともなう通信料等はお客様のご負担となります。あらかじめご了承ください。
また、講義の内容などは予告なく変更となる場合がございます。(2024年1月現在)

全経税法能力検定試験３科目合格はネットスクールにお任せ！

全経税法能力検定試験シリーズ ラインナップ

全国経理教育協会（全経協会）では、経理担当者として身に付けておきたい法人税法・消費税法・相続税法・所得税法の実務能力を測る検定試験が実施されています。

そのうち、法人税法・消費税法・相続税法の３科目は、ネットスクールが公式テキストを刊行しています。

経理担当者としてのスキルアップに、チャレンジしてみてはいかがでしょうか。

◆検定試験に関しての詳細は、全経協会公式ページをご確認下さい。

http://www.zenkei.or.jp/

全経法人税法能力検定試験対策

書名	判型	税込価格	発刊年月
全経 法人税法能力検定試験 公式テキスト3級／2級【第3版】	B5判	2,750 円	好評発売中
全経 法人税法能力検定試験 公式テキスト1級【第3版】	B5判	4,180 円	好評発売中

全経消費税法能力検定試験対策

書名	判型	税込価格	発刊年月
全経 消費税法能力検定試験 公式テキスト3級／2級【第2版】	B5判	2,530 円	好評発売中
全経 消費税法能力検定試験 公式テキスト1級【第2版】	B5判	3,960 円	好評発売中

全経相続税法能力検定試験対策

書名	判型	税込価格	発刊年月
全経 相続税法能力検定試験 公式テキスト3級／2級【第2版】	B5判	2,530 円	好評発売中
全経 相続税法能力検定試験 公式テキスト1級【第2版】	B5判	3,960 円	好評発売中

書籍のお求めは全国の書店・インターネット書店、またはネットスクールWEB-SHOPをご利用ください。

ネットスクール WEB-SHOP

https://www.net-school.jp/

ネットスクール WEB-SHOP 検索

※ 書名・価格・発行年月や表紙のデザインは変更する場合もございますので、予めご了承ください。(2024年1月現在)

日商簿記3級の次は

日商簿記2級に挑戦してみよう！

日商簿記3級の学習を終えた皆さん、日商簿記2級の受験はお考えですか？
せっかく簿記の学習を始めたのであれば、ビジネスシーンにおいて更に役立つ知識が満載で、
就転職の際の評価も高い日商簿記2級にも挑戦してみてはいかがでしょうか。

日商簿記2級の試験概要		学習のポイント
試 験 科 目	商業簿記・工業簿記	✓ 新たに学ぶ工業簿記がカギ ➡ 工業簿記は部分点を狙うよりも満点を狙うつもりで取り組むのが、2級合格への近道！
配　　　点	商業簿記60点・工業簿記40点の計100点満点	
合格ライン	70点以上で合格	✓ 初めて見る問題に慌てない ➡ 3級のときよりも、初めて出題される形式の問題が多いのも2級の特徴。慌てず解くためには、しっかりと基礎を理解しておくことも大切。
試 験 日 程	(統一試験) 6月・11月・2月の年3回 (ネット試験) 随時	
試 験 時 間	90分	

※ 試験の概要は変更となる可能性がございます。最新の情報は日本商工会議所・各地商工会議所の情報もご確認下さい。

日商簿記2級で学べること

商品売買業以外の企業で使える知識を身に付けたい	経済ニュースで目にする「M&A」や「子会社」って何？	仕事でコスト管理や販売計画に関する知識が必要だ

工業簿記・製造業の会計	サービス業の会計	連結会計	会社の合併	損益分岐点(CVP)分析	原価差異分析

様々なビジネスシーンで役立つ内容を学ぶからこそ、日商簿記2級の合格者は高く評価されます。
最初のうちは大変かもしれませんが、簿記の知識をさらに活かすためにも、ぜひ挑戦してみましょう。

日商簿記2級の試験対策もネットスクールにおまかせ！

日商簿記2級合格のためには、「商業簿記」・「工業簿記」どちらの学習も必要です。また、1つひとつの内容が高度になり、暗記だけに頼った学習は難しくなっている傾向にあります。だからこそ、ネットスクールでは書籍もWEB講座も、しっかりと「理解できる」ことを最優先に、皆さんを合格までご案内します。

【書籍で学習】　　　　　　　　　　　　　　【WEB講座で学習】

分かりやすいテキストから予想模試まで豊富なラインナップ‼

新たな知識を身に付ける「テキスト」の他、持ち運びに便利な「仕訳集」、試験前の総仕上げにピッタリの「模擬試験問題集」まで、様々なラインナップをご用意しています。レベルや目的に合わせてご利用下さい。

効率よく学びたい方は…日商簿記2級WEB講座がおススメ

試験範囲が広がり、より本質的な理解や思考力が問われるようになった日商簿記2級をさらに効率よく学習するには、講師のノウハウが映像・音声で吸収できるWEB講座がおススメです。

答案用紙

ご利用方法

以下の答案用紙は、この紙を残したまま
ていねいに抜き取りご利用ください。
なお、抜取りのさいの損傷によるお取替
えはご遠慮願います。

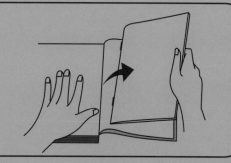

解き直しのさいには…
答案用紙ダウンロードサービス

ネットスクール HP （https://www.net-school.co.jp/）➡ 読者の方へ
をクリック

いま合格！
日商簿記3級　過去問題集

答案用紙

第1回　配点➡15点　　　　　　　　　　　　　●問題➡P2　　●解答・解説➡P36

	仕		訳	
	借　方　科　目	金　　　額	貸　方　科　目	金　　　額
1				
2				
3				
4				
5				

第 2 回　配点➡15点　　　　　　　　　　　　　●問題➡P3　　●解答・解説➡P38

	仕		訳	
	借　方　科　目	金　　　額	貸　方　科　目	金　　　額
1				
2				
3				
4				
5				

ヨコ解き
答案用紙

第1問

第2問
(1)

第2問
(2)

第3問

	仕		訳	
	借　方　科　目	金　　　額	貸　方　科　目	金　　　額
1				
2				
3				
4				
5				

第 **4** 回　配点➡15点

●問題➡ P5　　●解答・解説➡ P42

	仕		訳	
	借　方　科　目	金　　　額	貸　方　科　目	金　　　額
1				
2				
3				
4				
5				

ヨコ解き
答案用紙

第1問

第2問
(1)

第2問
(2)

第3問

	仕		訳	
	借　方　科　目	金　　額	貸　方　科　目	金　　額
1				
2				
3				
4				
5				

第 6 回　配点➡15点

●問題➡ P7　　●解答・解説➡ P46

	仕		訳	
	借　方　科　目	金　　　　額	貸　方　科　目	金　　　　額
1				
2				
3				
4				
5				

ヨコ解き
答案用紙

第1問

第2問
(1)

第2問
(2)

第3問

	仕		訳	
	借　方　科　目	金　　　額	貸　方　科　目	金　　　額
1				
2				
3				
4				
5				

第 8 回　配点➡ 15 点

●問題➡ P9　　●解答・解説➡ P50

	仕　　　　　　　訳			
	借　方　科　目	金　　額	貸　方　科　目	金　　額
1				
2				
3				
4				
5				

ヨコ解き
答案用紙

第1問

第2問
(1)

第2問
(2)

第3問

第 **1** 回　配点➡10点

●問題➡ P10　　●解答・解説➡ P52

A	B	C	D	E

①	②	③	④	⑤

第 **2** 回　配点➡10点

●問題➡ P11　　●解答・解説➡ P53

支　払　手　数　料

( ) ( ) ( )	3/31 ( ) ( )
( ) ( ) ( )	〃 ( ) ( )
( )	( )

前　払　手　数　料

3/31 ( ) ( )	3/31 ( ) ( )

第 **3** 回　配点➡10点

●問題➡ P12　　●解答・解説➡ P54

(イ)	(ロ)	(ハ)	(a)	(b)

第 **4** 回　配点➡10点

●問題➡ P13　　●解答・解説➡ P55

①	②	③	④	⑤

第 **5** 回　配点➡10点

●問題➡ P14　　●解答・解説➡ P56

①	②	③	④	⑤

第 6 回 配点➡ 10 点　　　　　　　　　　●問題➡ P15　　●解答・解説➡ P57

（ア）	（イ）	（ウ）	（エ）	（A）

第 7 回 配点➡ 10 点　　　　　　　　　　●問題➡ P16　　●解答・解説➡ P59

ヨコ解き
答案用紙

第 1 問

第 2 問
(1)

第 2 問
(2)

第 3 問

問1

商 品 有 高 帳
A 商 品

×8年		摘　　要	受　　　入			払　　　出			残　　　高		
			数 量	単 価	金 額	数 量	単 価	金 額	数 量	単 価	金 額
1	1										
	10										
	13										
	20										
	27										
	29										

問2

純 売 上 高	売 上 原 価	売 上 総 利 益
¥	¥	¥

第 8 回 配点➡ 10 点　　　　　　　　　　●問題➡ P17　　●解答・解説➡ P60

(1)

仕 訳 日 計 表
×9 年 12 月 1 日

借　　方	勘定科目	貸　　方
	現　　　　　金	
	売　　掛　　金	
	買　　掛　　金	
	売　　　　　上	
	受 取 手 数 料	
	仕　　　　　入	

(2) 出金伝票 No.202 および振替伝票 No.302 で記録された取引において仕入れた商品の金額

¥（　　　　　　　　）

第 **1** 回　配点➡ 10 点

●問題➡ P18　　●解答・解説➡ P62

問1

日付 ＼ 帳簿	現金出納帳	当座預金出納帳	商品有高帳	売掛金元帳(得意先元帳)	買掛金元帳(仕入先元帳)	仕 入 帳	売 上 帳
7日							
12日							
15日							

問2	問3
¥	¥

第 **2** 回　配点➡ 10 点

●問題➡ P19　　●解答・解説➡ P64

問1

日付 ＼ 補助簿	現金出納帳	当座預金出納帳	商品有高帳	売掛金元帳(得意先元帳)	買掛金元帳(仕入先元帳)	仕 入 帳	売 上 帳	固定資産台帳
2日								
16日								
18日								
25日								

問2　　¥ (　　　　　　　　　　　　) の固定資産売却 (損 ・ 益)
　　　(注) (　　) 内の損か益のいずれかに○印をつけること。

第 **3** 回　配点➡ 10 点

●問題➡ P20　　●解答・解説➡ P65

日付 ＼ 補助簿	現金出納帳	当座預金出納帳	商品有高帳	売掛金元帳(得意先元帳)	買掛金元帳(仕入先元帳)	仕 入 帳	売 上 帳	固定資産台帳	該当なし
5日									
6日									
16日									
31日①									
31日②									

第 4 回　配点➡12点　　　　　　　　　　　　●問題➡ P21　　●解答・解説➡ P66

ア	イ	ウ	エ	オ	カ

第 5 回　配点➡8点　　　　　　　　　　　　●問題➡ P22　　●解答・解説➡ P67

①	②	③	④

第 6 回　配点➡10点　　　　　　　　　　　　●問題➡ P23　　●解答・解説➡ P68

（ア）		（イ）		（ウ）	
（エ）		（オ）			

第 7 回　配点➡10点　　　　　　　　　　　　●問題➡ P24　　●解答・解説➡ P69

①		②		③	
④		⑤			

第 8 回　配点➡8点　　　　　　　　　　　　●問題➡ P25　　●解答・解説➡ P70

×8年		仕　　　　訳			
		借　方　科　目	金　　　額	貸　方　科　目	金　　　額
2	5				
	14				
	25				
	28				

ヨコ解き
答案用紙

第1問

第2問
(1)

第2問
(2)

第3問

第 **1** 回　配点➡35点　　　　　　　　　　　　●問題➡ P26　　●解答・解説➡ P72

貸 借 対 照 表

×2年3月31日　　　　　　　　　　　　　　（単位：円）

現　　　　金 （　　　　　）	買　掛　金 （　　　　　）
当 座 預 金 （　　　　　）	借　入　金 （　　　　　）
売　掛　金 （　　　　）	（　　　）消費税 （　　　　　）
貸倒引当金 （△　　　　） （　　　　　）	未 払 費 用 （　　　　　）
商　　　　品 （　　　　　）	資　本　金 （　　　　　）
（　　　）費用 （　　　　　）	繰越利益剰余金 （　　　　　）
備　　　　品 （　　　　）	
減価償却累計額 （△　　　　） （　　　　　）	
土　　　　地 （　　　　　）	
（　　　　　）	（　　　　　）

損 益 計 算 書

×1年4月1日から×2年3月31日まで　　　　　　（単位：円）

売 上 原 価 （　　　　　）	売　上　高 （　　　　　）
給　　　料 （　　　　　）	
貸倒引当金繰入 （　　　　　）	
減 価 償 却 費 （　　　　　）	
支 払 家 賃 （　　　　　）	
水 道 光 熱 費 （　　　　　）	
通　信　費 （　　　　　）	
保　険　料 （　　　　　）	
雑　（　　　） （　　　　　）	
支 払 利 息 （　　　　　）	
当期純（　　　） （　　　　　）	
（　　　　　）	（　　　　　）

第 2 回　配点➡ 35 点　　　　　　　　　　●問題➡ P27　　●解答・解説➡ P75

ヨコ解き
答案用紙

第1問

第2問
(1)

第2問
(2)

第3問

貸 借 対 照 表　　　　　　　　　　　　　（単位：円）

現　　　　金		310,000	買　　掛　　金		630,000
普 通 預 金		（　　　　）	（　　　）消費税		（　　　　）
売　　掛　　金	（　　　）		未 払 法 人 税 等		（　　　　）
貸 倒 引 当 金	（△　　　）	（　　　　）	（　　　）費 用		（　　　　）
商　　　　品		（　　　　）	借　　入　　金		（　　　　）
（　　　）費 用		（　　　　）	預　　り　　金		（　　　　）
建　　　　物	（　　　）		資　　本　　金		（　　　　）
減価償却累計額	（△　　　）	（　　　　）	繰越利益剰余金		（　　　　）
備　　　　品	（　　　）				
減価償却累計額	（△　　　）	（　　　　）			
土　　　　地		2,000,000			
		（　　　　）			（　　　　）

損 益 計 算 書　　　　　　　　　　　　　（単位：円）

売 上 原 価		（　　　　）	売　　上　　高		（　　　　）
給　　　　料		（　　　　）			
法 定 福 利 費		（　　　　）			
支 払 手 数 料		（　　　　）			
租 税 公 課		（　　　　）			
貸倒引当金繰入		（　　　　）			
減 価 償 却 費		（　　　　）			
支 払 利 息		（　　　　）			
その他費用		250,000			
法 人 税 等		（　　　　）			
当 期 純 利 益		（　　　　）			
		（　　　　）			（　　　　）

貸　借　対　照　表

×2年3月31日　　　　　　　　　　　　　　　（単位：円）

現　　　金	194,500	買　掛　金	813,000
普 通 預 金	1,034,000	前 受 収 益	（　　　　）
売　掛　金（　　　）		（　　）消費税	（　　　　）
貸倒引当金（△　　　）（　　　）		未払法人税等	（　　　　）
商　　　品	（　　　）	資　本　金	3,500,000
前 払 費 用	（　　　）	繰越利益剰余金	（　　　　）
建　　　物（　　　）			
減価償却累計額（△　　　）（　　　）			
備　　　品（　　　）			
減価償却累計額（△　　　）（　　　）			
土　　　地	1,800,000		
	（　　　）		（　　　）

損　益　計　算　書

×1年4月1日から×2年3月31日まで　　　　　　　　　（単位：円）

売 上 原 価	（　　　）	売　上　高	3,890,000
給　　　料	（　　　）	受 取 手 数 料	（　　　　）
水 道 光 熱 費	（　　　）		
保　険　料	（　　　）		
通　信　費	（　　　）		
貸倒引当金繰入	（　　　）		
減 価 償 却 費	（　　　）		
雑　（　　　）	（　　　）		
固定資産売却損	（　　　）		
法人税、住民税及び事業税	（　　　）		
当 期 純（　　）	（　　　）		
	（　　　）		（　　　）

第 4 回　配点➡ 35 点

●問題➡ P29　　●解答・解説➡ P81

問1

決算整理後残高試算表

借　　方	勘　定　科　目	貸　　方
102,700	現　　　　　　　金	
520,000	普　通　預　金	
	売　　　掛　　　金	
	繰　越　商　品	
	備　　　　　品	
1,000,000	土　　　　　　　地	
	買　　　掛　　　金	210,000
	借　　　入　　　金	
	（　　　）消　費　税	
	未　払　法　人　税　等	
	（　　　）利　　　息	
	（　　　）手　数　料	
	貸　倒　引　当　金	
	備品減価償却累計額	
	資　　　本　　　金	2,000,000
	繰　越　利　益　剰　余　金	
	売　　　　　　　上	4,000,000
	受　取　手　数　料	
	仕　　　　　　　入	
1,900,000	給　　　　　　　料	
	通　　信　　費	
90,000	支　払　家　賃	
1,500	保　　険　　料	
	支　払　利　息	
	雑　　　（　　　　　　）	
	貸　倒　引　当　金　繰　入	
	減　価　償　却　費	
	法人税、住民税及び事業税	

問2

当期純（　　　　　）	¥

ヨコ解き
答案用紙

第1問

第2問
(1)

第2問
(2)

第3問

問 1

決算整理後残高試算表

借　　方	勘　定　科　目	貸　　方
	現　　　　　　金	
763,000	当　座　預　金	
	電　子　記　録　債　権	
	売　　掛　　金	
	繰　越　商　品	
300,000	貸　　付　　金	
	備　　　　品	
	電　子　記　録　債　務	430,000
	買　　掛　　金	335,000
	貸　倒　引　当　金	
	備品減価償却累計額	
	資　　本　　金	900,000
	繰　越　利　益　剰　余　金	
	売　　　　　　上	4,160,000
	受　取　手　数　料	
	仕　　　　　　入	
304,000	給　　　　料	
	支　払　家　賃	
	通　　信　　費	
14,000	水　道　光　熱　費	
	雑　　（　　　　　）	
	貸　倒　引　当　金　繰　入	
	貯　　蔵　　品	
	減　価　償　却　費	
	（　　　　）家　　賃	
	（　　　　）利　　息	
	受　取　利　息	
	（　　　　）消　費　税	
	未　払　法　人　税　等	
	法人税、住民税及び事業税	

問2　¥ _____

第6回 配点➡35点

●問題➡P31　　●解答・解説➡P87

精 算 表

勘 定 科 目	残高試算表		修 正 記 入		損益計算書		貸借対照表	
	借 方	貸 方	借 方	貸 方	借 方	貸 方	借 方	貸 方
現　　　　金	90,000							
普 通 預 金	483,000							
売 掛 金	270,000							
仮 払 金	30,000							
仮 払 消 費 税	256,000							
仮 払 法 人 税 等	110,000							
繰 越 商 品	226,000							
建　　　　物	870,000							
備　　　　品	360,000							
土　　　　地	900,000							
買 掛 金		198,000						
前 受 金		68,000						
仮 受 消 費 税		489,000						
貸 倒 引 当 金		3,000						
建物減価償却累計額		522,000						
備品減価償却累計額		180,000						
資 本 金		1,000,000						
繰越利益剰余金		235,000						
売　　　　上		4,890,000						
受 取 家 賃		45,000						
仕　　　　入	2,560,000							
給　　　　料	1,300,000							
通 信 費	48,000							
旅 費 交 通 費	27,000							
保 険 料	100,000							
	7,630,000	7,630,000						
貸倒引当金繰入								
減 価 償 却 費								
法 人 税 等								
（　　　）保険料								
前 受 家 賃								
未 払 消 費 税								
未 払 法 人 税 等								
当 期 純（　　　）								

ヨコ解き
答案用紙

第1問

第2問
(1)

第2問
(2)

第3問

精　算　表

勘 定 科 目	残高試算表		修 正 記 入		損 益 計 算 書		貸借対照表	
	借 方	貸 方	借 方	貸 方	借 方	貸 方	借 方	貸 方
現　　　　金	800,000							
現 金 過 不 足	35,000							
普 通 預 金	1,664,000							
当 座 預 金		78,000						
売 　 掛 　 金	590,000							
仮 払 消 費 税	296,000							
仮 払 法 人 税 等	100,000							
繰 越 商 品	370,000							
貸 　 付 　 金	1,000,000							
備 　 　 　 品	1,200,000							
買 　 掛 　 金		500,000						
仮 　 受 　 金		30,000						
仮 受 消 費 税		450,000						
貸 倒 引 当 金		7,000						
備品減価償却累計額		900,000						
資 　 本 　 金		2,000,000						
繰 越 利 益 剰 余 金		1,200,000						
売 　 　 　 上		4,500,000						
受 取 利 息		15,000						
仕 　 　 　 入	2,960,000							
給 　 　 　 料	550,000							
保 　 険 　 料	25,000							
支 払 家 賃	90,000							
	9,680,000	9,680,000						
雑　（　　　）								
当 座 借 越								
貸倒引当金繰入								
減 価 償 却 費								
法 人 税 等								
（　　　）利 息								
（　　　）給 料								
未 払 消 費 税								
未 払 法 人 税 等								
当 期 純（　　）								

第 8 回　配点➡ 35 点　　　　　　　　　●問題➡ P33　　●解答・解説➡ P93

問1

精　算　表

勘 定 科 目	残高試算表 借 方	残高試算表 貸 方	修 正 記 入 借 方	修 正 記 入 貸 方	損益計算書 借 方	損益計算書 貸 方	貸借対照表 借 方	貸借対照表 貸 方
現　　　　　金	135,000							
現 金 過 不 足	3,200							
普 通 預 金	1,630,000							
当 座 預 金		468,000						
売 掛 金	880,000							
仮 払 金	420,000							
繰 越 商 品	697,000							
建　　　　　物	3,600,000							
備　　　　　品	500,000							
土　　　　　地	4,400,000							
買 掛 金		745,000						
借 入 金		3,200,000						3,200,000
貸 倒 引 当 金		8,600						
建物減価償却累計額		1,180,000						
備品減価償却累計額		300,000						
資 本 金		4,000,000						4,000,000
繰越利益剰余金		1,174,400						1,174,400
売　　　　　上		8,670,000						
仕　　　　　入	5,300,000							
給　　　　　料	1,800,000							
通 信 費	26,800							
旅 費 交 通 費	94,000							
保 険 料	210,000							
支 払 利 息	50,000							
	19,746,000	19,746,000						
雑 （　　）								
当 座 借 越								
貸倒引当金繰入								
減 価 償 却 費								
（　　）利息								
前 払 保 険 料								
当 期 純（　　）								

問2　¥（　　　　　　　　）

21

第 **1** 問 　配点➡ 45 点

	仕		訳	
	借　方　科　目	金　　　　額	貸　方　科　目	金　　　　額
1				
2				
3				
4				
5				

	仕		訳	
	借　方　科　目	金　　　額	貸　方　科　目	金　　　額
6				
7				
8				
9				
10				

タテ解き
答案用紙

第1回

第2回

第3回

	仕		訳	
	借　方　科　目	金　　　額	貸　方　科　目	金　　　額
11				
12				
13				
14				
15				

第2問−(1)　配点➡10点

(1)

商 品 有 高 帳
X 商 品

×1年		摘　　　要	受　　入			払　　出			残　　高		
			数量	単価	金　額	数量	単価	金　額	数量	単価	金　額
6	1	前 月 繰 越	100	300	30,000				100	300	30,000
	5	売　　　上									
	8	売 上 戻 り									
	12	仕　　　入									
	22	売　　　上									
	30	次 月 繰 越									
					—			—			

(2)	(3)
¥	¥

第2問−(2)　配点➡10点

問1

補助簿 ＼ 日付	現金出納帳	当座預金出納帳	商品有高帳	売掛金元帳（得意先元帳）	買掛金元帳（仕入先元帳）	仕入帳	売上帳	固定資産台帳
1 日								
10 日								
16 日								

問2

振　替　伝　票			
借　方　科　目	金　　額	貸　方　科　目	金　　額
(　　　　　　)	(　　　　　)	(　　　　　　)	(　　　　　)

問3　¥(　　　　　　　　　)

貸 借 対 照 表

×2年3月31日　　　　　　　　　　（単位：円）

現　　　　　金	315,000	買　掛　金		640,000	
普 通 預 金	123,000	借　入　金		300,000	
受 取 手 形 （　　　　）		（　　　）費　用		（　　　　）	
売　掛　金 （　　　　）		（　　　）消費税		（　　　　）	
（　　　　　　）（△　　　　）（　　　　）		未払法人税等		（　　　　）	
商　　　品 （　　　　）		前 受 収 益		（　　　　）	
（　　　）費　用 （　　　　）		資　本　金		4,200,000	
建　　　物 （　　　　）		繰越利益剰余金		（　　　　）	
減価償却累計額 （△　　　）（　　　　）					
備　　　品 （　　　　）					
減価償却累計額 （△　　　）（　　　　）					
土　　　地	4,300,000				
（　　　　）				（　　　　）	

損 益 計 算 書

×1年4月1日から×2年3月31日まで　　　　（単位：円）

売 上 原 価	（　　　　）	売　上　高	4,782,000
給　　　料	666,000	受 取 地 代	（　　　　）
水 道 光 熱 費	（　　　　）		
通　信　費	65,600		
旅 費 交 通 費	33,000		
減 価 償 却 費	（　　　　）		
貸倒引当金繰入	（　　　　）		
支 払 利 息	（　　　　）		
固定資産（　　　）	（　　　　）		
法人税、住民税及び事業税	（　　　　）		
当 期 純（　　　）	（　　　　）		
	（　　　　）		（　　　　）

第2回 本試験形式 　　　　　●問題➡ P102 　●解答・解説➡ P124

第1問 配点➡ 45 点

	仕		訳	
	借　方　科　目	金　　　額	貸　方　科　目	金　　　額
1				
2				
3				
4				
5				

タテ解き
答案用紙

第1回

第2回

第3回

	仕		訳	
	借 方 科 目	金 額	貸 方 科 目	金 額
6				
7				
8				
9				
10				

	仕		訳	
	借 方 科 目	金 額	貸 方 科 目	金 額
11				
12				
13				
14				
15				

タテ解き
答案用紙

第1回

第2回

第3回

第 2 問 ー (1) 配点➡10点

問1

借 方 科 目	金　　額	貸 方 科 目	金　　額

問2

①	②	③	④

第 2 問 ー (2) 配点➡10点

①	②	③	④	⑤

第 3 問 配点➡35 点

精 算 表

勘 定 科 目	残高試算表 借方	残高試算表 貸方	修正記入 借方	修正記入 貸方	損益計算書 借方	損益計算書 貸方	貸借対照表 借方	貸借対照表 貸方
現 金	280,000							
小 口 現 金	35,000							
普 通 預 金	275,000							
受 取 手 形	420,000							
売 掛 金	300,000							
繰 越 商 品	480,000							
建 物	800,000							
備 品	750,000							
土 地	2,400,000							
買 掛 金		450,000						
手 形 借 入 金		1,000,000						
仮 受 金		1,300,000						
貸 倒 引 当 金		10,000						
建物減価償却累計額		390,000						
備品減価償却累計額		300,000						
資 本 金		1,150,000						
繰越利益剰余金		200,000						
売 上		6,500,000						
仕 入	4,410,000							
給 料	645,000							
旅 費 交 通 費	80,000							
保 険 料	300,000							
消 耗 品 費	80,000							
支 払 利 息	45,000							
	11,300,000	11,300,000						
固定資産売却(　)								
貸倒引当金繰入								
減 価 償 却 費								
法 人 税 等								
未 収 入 金								
(　　) 利 息								
未 払 法 人 税 等								
当 期 純(　　)								

第 1 問 配点➡ 45 点

	仕		訳	
	借 方 科 目	金 額	貸 方 科 目	金 額
1				
2				
3				
4				
5				

	仕		訳	
	借 方 科 目	金 額	貸 方 科 目	金 額
6				
7				
8				
9				
10				

タテ解き
答案用紙

第1回

第2回

第3回

	仕		訳	
	借 方 科 目	金 額	貸 方 科 目	金 額
11				
12				
13				
14				
15				

第 2 問−(1)　配点➡ 10 点

備　　　品

日　付	摘　　要	借　　方	日　付	摘　　要	貸　　方
×4 4 1	前 期 繰 越	（　　　　）	×5 3 31	次 期 繰 越	（　　　　）
6 1	普 通 預 金	（　　　　）			
		（　　　　）			（　　　　）

備品減価償却累計額

日　付	摘　　要	借　　方	日　付	摘　　要	貸　　方
×5 3 31	次 期 繰 越	（　　　　）	×4 4 1	前 期 繰 越	（　　　　）
			×5 3 31	（　　　　）	（　　　　）
		（　　　　）			（　　　　）

第 2 問−(2)　配点➡ 10 点

①	②	③	④	⑤

タテ解き
答案用紙

第 1 回

第 2 回

第 3 回

第 3 問 配点 ➡ 35 点

問 1

決算整理後残高試算表

借 方	勘 定 科 目	貸 方
2,129,000	現　　　　　金	
	普　通　預　金	
	売　　掛　　金	
	繰　越　商　品	
	（　　　　）家　賃	
4,500,000	備　　　　　品	
3,000,000	貸　　付　　金	
	買　　掛　　金	4,620,000
	未　　払　　金	
	（　　　　）消費税	
	未　払　法　人　税　等	
	（　　　　）利　息	
	貸　倒　引　当　金	
	借　　入　　金	1,000,000
	備品減価償却累計額	
	資　　本　　金	10,000,000
	繰　越　利　益　剰　余　金	
	売　　　　　上	
	受　取　利　息	
	（　　　　　　　　）	
	仕　　　　　入	
	発　　送　　費	
	支　払　家　賃	
	租　税　公　課	
	貸　倒　引　当　金　繰　入	
	減　価　償　却　費	
11,025,000	そ　の　他　の　費　用	
	法　　人　　税　　等	

問 2 ￥（　　　　　　　　　　）

36

ネットスクール出版